AF586466

SOMMAIRE

POUR LA COMTESSE

DE VALOIS-LAMOTTE,

ACCUSÉE;

CONTRE

M. LE PROCUREUR-GÉNÉRAL,

ACCUSATEUR;

EN présence de M. le Cardinal DE *ROHAN*,
& autres CO-*ACCUSÉS*.

A PARIS,
De l'Imprimerie de L. CELLOT, rue des Grands-Auguſtins.

1786.

SOMMAIRE

POUR la Comtesse de VALOIS-LA MOTTE, Accusée;

CONTRE M. le PROCUREUR-GÉNÉRAL, *Accusateur;*

EN présence de M. le Cardinal DE ROHAN, *& autres co-Accusés.*

LE titre que nous donnons à la Défense de la Comtesse de la Motte, celui d'un *Sommaire*, n'est pas le titre de l'ouvrage que nous avions annoncé; mais après une longue captivité, après une derniere instruction qui a suspendu pendant près de trois mois toute communication entre les Accusés & leurs Conseils, l'accélération du jugement ne nous permet pas de nous livrer à des détails. Entrons tout-à-coup en matiere; & d'abord par une observation générale, avant de procéder dans l'ordre auquel nous sommes forcés de nous borner.

Dans l'histoire du collier, devenu célebre, & par le nom

augufte dont on a abufé pour le négocier, & par le Prélat qui en a fait la négociation, & par le traité frauduleux qui a fuivi, & par la difparition même de l'objet, il eft un fait conftant; c'eft que le Roi, c'eft que la Reine avoient refufé depuis plufieurs années de l'acquérir.

S'il étoit vrai que la Reine eût formé un vœu nouveau pour ce bijou de fantaifie, elle pouvoit fe le procurer, fans myftere, fur les fonds dont elle difpofe. Avoit-elle donc befoin d'intermédiaire, fur-tout vis-à-vis de Joailliers qui étoient les fiens ?

Veut-on néanmoins qu'elle ait dédaigné de paroître? Elle pouvoit donner des ordres qui auroient été flatteurs pour tant de perfonnes qui l'environnent; mais la dame de la Motte, malgré un nom authentiquement reconnu dès 1776, étoit ignorée à la Cour; elle pouvoit avoir eu un titre pour recevoir d'une Souveraine des dons généreux, de même que de toutes les perfonnes de la Famille Royale; mais elle n'avoit aucunes relations publiques ni particulieres, & les marchands n'auroient pas eu de confiance dans celles qu'elle auroit alléguées.

Auffi s'eft-il offert vis-à-vis eux un négociateur; c'eft un grand Seigneur tombé depuis long-tems dans la difgrace, & qui prétend avoir été choifi pour lui ménager un retour favorable, comme fi l'oubli des torts avoit pu pour une grande Reine être attaché à de femblables frivolités.

Qu'on interroge les perfonnes de la Cour dans l'Ordre de l'Eglife & dans l'Ordre de la Nobleffe; en eft-il un feul qui eût ajouté foi à une femblable miffion? Aux premieres ouvertures faites par la dame de la Motte, le Prélat, qui s'eft dit chargé par elle, ne fe feroit-il pas écrié: Madame, que dites vous? Ai-je donc l'air d'un négociateur, d'un courtier de diamans? Rohan, Cardinal, grand Aumônier de France, &c. Tous les titres qu'il oppose aujourd'hui à tous les reproches qu'il mérite, les avoit-il alors oubliés?

Telle est cependant la base de ce bisarre, de ce ridicule systême : des ordres donnés par la Reine à une personne isolée, des ordres reportés à M. de Rohan qui étoit dans un état de disgrace, des ordres pour une parure refusée, & dont l'acquisition n'auroit eu besoin d'intermédiaires, ni de la part de la Reine, ni de la part de ses Joailliers. De-là les invraisemblances, les absurdités, les inepties, au milieu desquelles deux délits : l'un est une négociation terminée par un marché faux, l'autre l'escroquerie de l'objet même.

Arrêtons un instant en présence de la Majesté Royale. Le Roi, la Reine ont permis que ces délits fussent discutés au premier Tribunal de la Nation; mais la Nation, son Tribunal, les Accusés, leurs Conseils, la foule des Lecteurs, l'Europe entiere, tous sentent les sacrifices consentis par leurs Majestés, pour procurer la connoissance d'une vérité importante; & des protestations respectueuses, des hommages sont dus au nom auguste qui sera trop souvent prononcé; ils sont dus au caractere d'élévation qui distingue la personne, ses sentimens & ses actions.

PREMIER DÉLIT.

La négociation & le marché même du collier.

Il ne faut en croire, sur ce premier délit, ni les paroles de la Comtesse de la Motte, ni celles de M. de Rohan; mais la négociation & le marché ont eu lieu avec les sieurs Bohëmer & Bassanges, Joailliers de la Couronne. La Reine, étonnée, offensée au mois d'Août 1785, des plaintes qu'ils lui avoient fait parvenir sur le défaut de paiement, les mande; ils lui remettent le 12 de ce mois un mémoire qu'on dit être joint au procès. C'étoit là le moment de parler vrai; ils y étoient intéressés; ils n'avoient point encore reçu d'impressions étrangeres; & si la Comtesse de la Motte avoit eu quelque part à la négociation faite avec eux, pourquoi ne l'auroient-ils pas déclaré? Analysons ce Mémoire connu par la voie de l'impression, & dans lequel ils parlent en leur nom.

« Le 24 Janvier de la présente année 1785, M. le Cardinal de Rohan vint chez nous, & nous demanda de lui » montrer *divers* bijoux. Nous profitâmes de cette occa» sion pour lui faire voir le grand collier en brillans. Après » l'avoir examiné, il nous dit qu'il en avoit entendu parler » & qu'il étoit chargé d'en savoir le prix : nous répondîmes » que le desir de nous débarrasser de ce fardeau nous déter» minoit d'en fixer le dernier prix à 1,600,000 livres, prix » auquel il avoit été estimé par MM. Doigny & Maillard, » il y avoit plus de six ans, lorsque le Roi eut l'envie » d'en faire l'acquisition. Le Prince répondit qu'il ren» droit compte de la conversation; qu'il se chargeroit de » l'acquisition, non pour lui, mais pour un acquéreur » dont il étoit persuadé que nous accepterions les arrange» mens; nous prévenant qu'il ignoroit s'il lui seroit permis » de le nommer; que dans le cas où il ne lui seroit pas per» mis, il feroit *des arrangemens particuliers*. Il nous dit aussi » que ses instructions portoient de ne traiter qu'avec Bohëmer; » mais ne voulant traiter une affaire aussi majeure sans la par» ticipation de mon associé, le Prince dit qu'il étoit néces» saire qu'il prît auparavant d'autres instructions.

A cette époque, 24 Janvier, c'eſt donc M. le Cardinal de Rohan qui entame la négociation en prenant la peine de ſe tranſporter chez les Marchands. Il l'entame myſtérieuſement, en demandant des bijoux *en général.* Ce ſont les Joailliers qui ſaiſiſſent cette occaſion, cette demande *vague*, pour lui faire voir le grand collier. Il ignore s'il lui ſera permis de nommer l'acquéreur : ſi on ne le lui permet pas, il fera des *arrangemens particuliérement*; & il auroit ſouhaité auſſi ne traiter qu'avec le ſieur Bohëmer, parce qu'on dit, en effet, que le caractere perſonnel du ſieur Bohëmer le rendoit plus facile à perſuader que le caractere du ſieur Baſſanges.

« *Deux jours* après cette converſation du 24, le Prince » nous fit *venir* chez lui tous les deux, ſuivant les inſtructions » qui l'y autoriſoient, ſous la recommandation du plus grand » ſecret, & le lui ayant promis, il nous communiqua les » propoſitions qu'il étoit chargé de nous faire, dont voici la » copie ». Nous la donnerons entiere, parce c'eſt le traité même qui n'eſt pas connu de tout le monde ; il faut y diſtinguer trois parties.

La premiere conſiſte dans quatre propoſitions déjà écrites.

« Le dernier prix du collier ſera fixé d'après MM. Doigny » & Maillard, en cas que le prix de 1,600,000 livres, qu'on » veut le vendre, paroiſſe trop fort ». Ainſi le prix de 1,600,000 livres, qui eſt la premiere des quatre conditions écrites, eſt ſubordonné à une eſtimation.

Enſuite, « le paiement du prix convenu ne commencera » que dans ſix mois, & alors pour une ſomme de 400,000 l. » & de ſix mois en ſix mois de même.

» On pourra faciliter le calme dans les affaires du vendeur,

» en donnant des délégations qui n'annonceront le premier » paiement que dans six mois.

» Si les conditions conviennent, le collier sera prêt à partir » mardi, premier Février, au plus tard ».

Observons que ces quatre conditions, qui ne constituent encore que la premiere partie du traité, sont entiérement écrites *de la main* de M. de Rohan: le fait est avoué. Il n'est pas même vraisemblable qu'il en ait été seul rédacteur; il doit avoir employé le ministere de gens d'affaires, pour l'alternative d'un prix fixe ou d'une estimation, pour les termes des paiemens en deux ans, de six mois chacun, & pour des délégations à fournir; détails qui, ne pouvant avoir été prévus par la Reine, tenoient plutôt aux *arrangemens particuliers* annoncés par le négociateur.

Mais, seconde partie de l'acte, « Le Prince, après la » lecture de ces propositions, nous ayant demandé si elles » nous convenoient, & lui ayant répondu, oui, il demanda » que nous missions notre acceptation, ce que nous fîmes » sous la date du 29 Janvier, *accepté Bohëmer & Bassanges*, acceptation qui est la seconde partie de l'acte.

Il faut observer aussi cette date du 29, qui est visiblement anticipée; car la premiere entrevue, celle de M. le Cardinal chez les Joailliers, est du 24 Janvier; la seconde des Joailliers chez lui *est deux jours* après, le 26. Ce même jour 26, M. de Rohan leur dit de mettre leur acceptation, *ce que nous fîmes*, disent-ils eux-mêmes, *sous la date du* 29. Quel est le motif de cette anticipation de 3 jours? Ne tient-elle pas encore à ces autres arrangemens, à ces arrangemens particuliers qui jusqu'à présent sont inconnus?

Troisieme & derniere partie, & celle-ci avoit été précédée d'un d'un billet de M. de Rohan. « Le premier Février *au matin* » le Prince nous écrivit un billet *de sa main*, mais sans signa- » ture. *Je voudrois que M. Bohëmer & son associé pussent* » *venir* ce matin *chez moi*, *le plutôt possible*, *avec l'objet en* » *question*. Nous nous rendîmes chez le Prince, & lui ap- » portâmes le grand collier. Il nous fit connoître dans cette » entrevue que S. M. la Reine faisoit l'acquisition, & nous » montra à cet effet les propositions que nous avions accep- » tées ; il nous les montra signées, *Marie - Antoinette de* » *France* ». Ces mots ne sont pas les seuls, car il y a quatre ou cinq *approuvés*, portés en marge de chacune des quatre propositions, ensorte que, pour avoir la copie figurée de l'écrit, il faut écrire en marge & vis-à-vis chacune des propositions ci-dessus les divers *approuvés*, qui sont de la même main que *Marie-Antoinette de France*, & l'on ne voit pas la date de ces additions qui ne sont, ni du 26, ni du 29.

Ce même jour premier Février, ce jour où le collier venoit d'être livré à M. le Cardinal, « nous reçûmes, continue le » Mémoire, une lettre du Prince, écrite de sa main & signée » de lui, en ces termes: *M. Bohëmer, Sa Majesté la Reine* » *m'a fait connoître que ses intentions étoient que les intérêts de* » *ce qui sera dû, après le premier paiement du mois, fin d'Août,* » *soient payés successivement avec les principaux, jusqu'au* » *parfait acquittement*. Signé, *le Cardinal de Rohan. A Paris,* » *le premier Février* 1785 ».

C'est peu encore, & dans le même mois de Février, suivant la plainte de M. le Procureur-Général, *ledit Cardinal a montré l'écrit à un particulier*, qu'on a su depuis être le sieur Baudard de Saint-James.

Voilà donc cette négociation qui avoit précédé l'écrit :

voilà l'écrit même : voilà la remise du collier faite entre les mains de M. de Rohan. Aux premieres nouvelles, qui ne parviennent à la Reine que six mois après, au mois d'Août, elle demande aux Joailliers un mémoire; ils le donnent le 12. Le Roi mande M. de Rohan, qui déclare avoir été trompé par *une femme nommée la Motte, dite de Valois.* Le Roi juge indispensable de s'assurer de la personne de tous deux. Des Lettres-Patentes déferent l'attentat à la Grand'Chambre & Tournelle assemblées : plainte de M. le Procureur-Général *des faits énoncés au mémoire, de tous autres y relatifs, circonstances & dépendances, contre les auteurs, fauteurs, participes, complices & adhérans* : car il peut en effet y avoir eu un auteur principal; il peut aussi y avoir eu des complices; ce sont les uns & les autres que nous avons à rechercher sur le premier délit, les négociations entamées au nom de la Reine, & la fausseté de l'Ecrit; il faut maintenant discuter.

A l'égard des négociations, nous l'avons vu, c'est M. le Cardinal de Rohan qui avoit été une premiere fois chez les Joailliers le 24 Janvier leur demander des bijoux en général, quoiqu'il fût venu pour voir le collier même. Il se chargera de l'acquisition, non pour lui, mais pour un autre acquéreur : s'il ne lui est pas permis de le nommer, il fera des *arrangemens particuliers* qu'il ne souhaitoit faire même qu'avec le sieur Bohëmer.

C'est ensuite M. de Rohan qui, le 26, mande les deux Joailliers chez lui, qui y porte quatre propositions écrites de sa main, & qui les leur fait signer par anticipation, du 29, quoique le jour de leur seconde entrevue fût le 26.

C'est M. de Rohan qui, le premier Février au matin, leur

écrit un billet de sa main encore ; quoique non signé, pour apporter l'objet en question, lequel, vis-à-vis eux, ne pouvoit être que le collier.

C'est M. de Rohan, qui, à leur arrivée chez lui, reçoit le bijou, leur déclare alors que c'est pour la Reine, & leur montre l'écrit revêtu d'approbations en marge, & revêtu *de la signature Marie-Antoinette de France.*

C'est M. de Rohan enfin qui, dans le même mois de Février, montre l'écrit au sieur de Saint-James ; c'est M. de Rohan qui le garde pendant six mois, & qui le possédoit encore lors de sa détention du 15 Août.

Tous ces faits sont bornés à M. le Cardinal seul, qui seul est nommé dans les six pages du Mémoire imprimé des Joailliers, sans que le nom de la Comtesse de la Motte y soit une seule fois prononcé ; & dès-lors le voilà coupable personnellement, de quoi? *D'avoir emprunté*, suivant les Lettres-Patentes, *un nom auguste, d'avoir violé avec une témérité inouie le respect dû à la Majesté Royale.* Il a dit être chargé pour un acquéreur qu'il ne pouvoit alors nommer ; il a dit depuis, que Sa Majesté la Reine faisoit l'acquisition : & son *dire* est son délit personnel ; c'est celui dont il doit être déclaré atteint & convaincu, puisque c'est-là le titre de l'accusation intentée.

Que quelqu'un lui ait déclaré avoir mission, qu'il l'ait cru, & que pour le lui faire croire, on lui ait présenté un écrit dans une forme ou dans une autre, nous allons examiner ce nouveau fait, il peut y avoir un complice ; mais M. de Rohan est l'auteur principal de la violation du respect dû par les sujets au nom auguste de leurs Souverains. Il est principal auteur, non pas seulement aux yeux des Joailliers, mais aux yeux du Roi, de la Reine, de la Nation, du Tribunal établi Juge. Cherchons le complice.

En présence du Roi, le 15 Août, le Prélat a dit avoir été trompé par une femme nommée la Motte, dite de Valois; il a montré au Roi l'écrit, qui, suivant lui, attestoit la tromperie; & dans des interrogatoires ministériels, dans d'autres judiciaires, il a rendu compte de la maniere dont le marché lui avoit été remis. Après l'avoir fait accepter par les Joailliers, dit-il, il l'avoit donné une premiere fois à la dame de la Motte, pour le faire approuver & signer par la Reine; la dame la Motte le lui avoit rapporté, en disant que la Reine s'y refusoit, parce qu'elle devoit payer incessamment; il le reporta aux Joailliers, qui ne le reçurent pas. Il le rend une seconde fois à la dame de la Motte, qui le lui rapporte avec les approuvés en marge, & avec la signature *Marie-Antoinette de France.*

Mais, qu'on relise le Mémoire des Marchands: « Sur le billet du Prince, du premier Février, de venir ce matin chez lui, ils apportent le collier; il leur fait connoître que Sa Majesté faisoit l'acquisition, & leur montre les propositions signées *Marie-Antoinette de France.* » C'est donc tout d'un coup que l'écrit leur est montré dans l'état où il est aujourd'hui. Ces allées, ces venues de M. de Rohan, vis-à-vis la dame de la Motte, les premiers refus qu'auroient faits les sieurs Bohëmer & Bassanges auroient été connus d'eux; ils l'auroient dit dans leur Mémoire; & ils ne parlent que d'une fois unique, le premier Février: or, la remise de cet écrit, faite si l'on veut en une seule fois, l'a-t-elle été au moins par la dame de la Motte? Où sont les preuves de celui qui, rédacteur, est toujours resté dépositaire? Il n'a que son assertion; ni les Marchands, ni aucuns témoins, ne déposent avoir vu agir la dame de la Motte, ni avoir entendu dire qu'elle eût agi : *Nec de visu, neque de auditu.* Le fait de complicité relatif à la dame de la Motte, est dans la bouche de M. de Rohan; c'est ce qu'il a à prouver; c'est ce qu'il ne prouve pas; c'est même ce qui choque toutes les vraisemblances.

En effet, lorsqu'il a tenu l'écrit à lui prétendu remis, n'importe par qui, il doit l'avoir regardé. Que les Joailliers, qui sont des hommes d'un état privé, & même des Etrangers, ignorent le caractere d'écriture de la Reine, qu'ils ignorent les noms qu'elle signe, cela pourroit être: mais le caractere d'écriture de la Reine étoit-il entiérement inconnu à M. de Rohan? Dans sa seule qualité de Grand-Aumônier de France, n'a-t-il jamais été dans le cas de recevoir par écrit des ordres de la Reine en faveur de quelque protégé? M. de Rohan, homme de Cour, homme instruit, a-t-il pu ignorer sur-tout que le nom, le nom de la Reine n'étoit pas *de France*? Comment donc l'a-t-il reçu? Comment l'a-t-il montré aux Joailliers, & ensuite au sieur de Saint-James? Circonstance incroyable, si elle ne tient pas à des *arrangemens particuliers*, secrets, connus de lui & de lui seul.

Cependant il y a eu un faussaire. Est-ce la dame de la Motte? Est-elle au moins complice? Ici l'intérêt commence; & il s'accroîtra dans le long cours de ce que nous avons appellé ailleurs une ténébreuse intrigue.

Oui, dans la naissance de cette affaire, cent bouches, & tous les Gazetiers même de l'Europe (1), ont publié que le nom de la Comtesse de la Motte étant *Marie-Antoinette de Valois*, c'étoit elle qui avoit signé *Marie-Antoinette de*

(1) Notamment Gazette de Cologne, premier Septembre 1785.

France, quoique ſon nom, ſon ſeul nom de Baptême, ſoit *Jeanne* de Valois. Il eſt tel dans ſon Extrait-Baptiſtaire de la Paroiſſe de Fontette, l'une des terres de ſes ancêtres; il eſt tel dans le Mémoire généalogique de ſa Maiſon, celle de Saint-Remy de Valois, iſſue, ſuivant cette généalogie, de Henri, MONSIEUR, fils naturel du Roi Henri II; il eſt tel dans ſon contrat & dans ſon acte de célébration de mariage avec le Comte de la Motte; & tel dans les Brevets de penſion que le Roi a bien voulu lui accorder en 1776 & 1784, en conſidération de ſa Maiſon *auſſi ancienne qu'illuſtre.*

Mais l'impoſture a été plus loin, car parmi une foule de témoins impoſteurs, il s'en eſt préſenté un dans l'information, lequel a dépoſé que la dame de la Motte lui avoit donné, il y a quelques années, un placet pour la recommander au Roi, & ſigné *Marie-Antoinette de France*; témoin, ſi nous le nommions, qu'on verroit n'être pas fait pour protéger la Comteſſe de Valois la Motte; beaucoup moins fait encore pour la protéger auprès du Roi, glorieuſement régnant. Auſſi, lors des confrontations, a-t-il été reconnu que ce prétendu placet n'étoit qu'une copie du Mémoire généalogique, diſtribué par-tout en 1776, par la Comteſſe de la Motte, dreſſé & certifié, par qui? Par Nous *Antoine-Marie* d'Hozier, Juge d'Armes de la Nobleſſe de *France*; en ſorte que c'eſt la qualité de Juge d'Armes de *France*, ce ſont les noms de baptême *d'Antoine-Marie* d'Hozier que le témoin avoit transformés en *Marie-Antoinette de France.* Quelle calomnie! Eh qui donc avoit donné à M. le Procureur-Général accuſateur, le nom d'un témoin, qui, pendant ſix mois a trompé les Gazetiers & leurs Lecteurs?

C'eſt peu: ſuivons le projet de l'impoſture, pour faire

regarder la dame de la Motte, ou comme auteur, ou comme complice des faux approuvés, & de la signature fausse.

Qui le croiroit? Le sieur Cagliostro, confronté à la dame de la Motte, lui a dit, avec une apostrophe offensante : *Il va arriver, Rhetaux de Villette, il parlera.* Comment cet illuminé le savoit-il? Cependant le sieur Villette arrêté à Geneve & amené à la Bastille, est un des grands incidens de l'instruction du Procès : que l'attention redouble.

Entendu d'abord comme témoin sur la plainte originaire de M. le Procureur-Général qui parle des faux, il dépose qu'il n'en est pas l'auteur, & ne les connoît pas.

Dans ses papiers, on avoit trouvé un mémoire d'affaires écrit de sa main, dont l'écriture parut avoir de la ressemblance avec celle de l'écrit faux. Alors décrété de prise-de corps, interrogé dans sa nouvelle qualité, celle d'accusé, il a reconnu l'écriture de son mémoire pour être la sienne; mais il a persisté, comme accusé, dans la dénégation de l'écrit telle qu'il l'avoit faite comme témoin. Le Procès a été réglé à l'extraordinaire avec lui. Recolé, tant comme témoin que comme accusé, & comme accusé principal, pareille dénégation de sa part ; mais dans cet interrogatoire, comme accusé, après avoir constamment nié, voyant qu'on pouvoit être frappé d'une ressemblance d'écriture, & voulant affecter de raisonner, il avoit ajouté : Supposons que ce fût moi ou tout autre qui eût fait les signatures & les approuvés, ce ne seroit pas pour cela un faux, parce qu'on n'auroit pas entendu imiter, contrefaire l'écriture, encore moins signer le nom de la Reine, qui n'est pas de *France*; de plus, on peut n'avoir écrit ainsi que sous la condition que l'acte ne sortiroit jamais des mains de M. le Cardinal de Rohan.

Il faut en convenir ; ces suppositions pouvoient faire naître des doutes, qui n'ont pas échappé à la dame de la Motte. Lorſqu'à la confrontation on lui a fait lecture de ces interrogatoires, *Monſieur*, s'eſt-elle écriée, *il n'y a qu'un coupable qui puiſſe s'exprimer ainſi; je vous ſomme de vous expliquer d'une maniere plus poſitive & plus claire.* Alors le ſieur Villette répond : *Madame, votre obſervation eſt juſte*; je n'ai fait mes ſuppoſitions que parce qu'on paroiſſoit me ſoupçonner d'être l'auteur. Ainſi perſévérance dans ſa dépoſition comme témoin, dans ſon interrogatoire comme accuſé principal, dans ſes récolemens en l'une & en l'autre qualité, & dans ſa confrontation.

C'étoit le cas de la vérification par Experts, puiſqu'il dénioit perſévéramment : elle n'a pas eu lieu alors, & pourquoi? Le 5 Mai, préſent mois, on revient à un autre interrogatoire autoriſé par l'Ordonnance criminelle de 1670, qui dit, article 15 du titre 14 : *L'interrogatoire pourra être réitéré toutes les fois que le cas le requerra.* Et dans cet interrogatoire nouveau (ne diſſimulons pas notre étonnement, ne diſſimulons pas non plus celui qui va ſaiſir tous les eſprits) ; dans ce nouvel interrogatoire du 5 Mai au matin, le ſieur Villette déclare être l'auteur de la fauſſe ſignature & des faux approuvés, & il ajoute *qu'il a écrit ſous la dictée de la dame de la Motte.* Le même jour 5 Mai l'après dîner, il va reparoître devant elle; ils ſont une ſeconde fois confrontés. Copions les feuilles qu'elle nous a remiſes, qu'elle a ſignées, & qui contiennent les dires de l'un, & les réponſes de l'autre.

Le Sieur Villette : il conſeille, en général, à la dame de la Motte, de faire des *aveux* ; c'eſt pour ſon propre intérêt, dit-il, comme pour le nôtre, étant trop connu par une maſſe de témoins que la dame de la Motte s'honoroit des bontés

de

de la Reine : qu'elle dise donc les *motifs* qui l'ont engagée à suivre cette marche, puisqu'il est prouvé que M. le Cardinal est aussi coupable que nous ; & en avouant les faits, notre punition doit être moins grave.

LA DAME DE LA MOTTE : « Toutes les observations que peut » me faire le sieur Villette, ne sont pas faites pour m'ef- » frayer ; je ne crains rien, & suis très-calme sur tous ses dires. » Je persiste à dire que je ne lui ai pas fait faire les approuvés, » ni la signature, ni autre écriture semblable *comme venant* » *de la Reine.* Si le sieur Villette *a la bonté* de dire que c'est » lui qui a fait la signature & les approuvés, c'est par la crainte » qu'on lui a inspirée, en lui observant que son écriture per- » sonnelle avoit une si grande ressemblance avec la signature » de l'écrit, il seroit jugé & condamné sur cette ressemblance » à des punitions corporelles ; on lui a fait observer que s'il » faisoit cet aveu de lui-même, sa punition seroit allégée ; » voilà ce qui l'a déterminé à faire un aveu que je dis être » faux.

» J'ai prouvé, continue-t-elle, par la force de mes expres- » sions, vis-à-vis le sieur Villette, dans ma précédente con- » frontation, lorsqu'il a dit que s'il avoit des *aveux* à faire, » ce seroit à son Roi seul ; je lui ai répliqué qu'il n'y avoit » qu'un coupable qui pût s'exprimer ainsi ; je le sommai de » s'expliquer ; sur quoi il trouva mon observation juste, » n'ayant fait cette supposition que parce qu'on paroissoit » le soupçonner d'être l'auteur des faux. S'il en avoit été » l'auteur, je lui en avois dit assez pour s'avouer coupable, » & pour *m'accuser de lui avoir fait faire les signatures*, ainsi » qu'il le dit seulement aujourd'hui, toujours par la même » source que je l'ai dit plus haut (les craintes qu'on lui a ins-

» pirées à la Bastille) ; mais je répete que je ne suis nullement » coupable, & que j'attends de sang-froid les punitions qui » me seront imposées, & ne demande point de grace.

» Quant à M. le Cardinal, que le sieur Villette venoit de » dire *qu'il croyoit aussi coupable que nous*, je ne cherche pas » à prendre sa défense, ni celle d'autres, ne sachant pas s'il est » coupable. Si j'avois quelque *secret* qui pût être contre lui » pour l'affaire du collier, je ne le dissimulerois pas, parce » qu'il me fait assez souffrir depuis long-tems par les peines » que j'ai éprouvées ; & je continue de dire que je n'ai au- » cun *aveu* à faire, comme le prétend le sieur Villette, » n'étant pas coupable, & étant persuadée que lui, Villette, » ne l'est pas non plus ; si je l'étois, j'en ferois l'aveu, espé- » pérant que ma punition seroit moins grave ; mais je ne » pourrois faire qu'un aveu faux ; & quoi qu'il me dise qu'il » y a toute preuve acquise au procès contre moi, quoiqu'il » m'ait observé que je n'ai pour moi que mon assertion, je » répete de nouveau que je laisse les juges libres & maîtres » de me juger coupable ; mais je dis que je suis innocente » & sans crainte. » C'est ce que la tête de la dame de la Motte a retenu de ces laborieuses altercations avec le sieur Villette ; c'est ce qu'elle a écrit pour nous, c'est ce que nous transcrivons.

Qu'on ne pense donc pas, ainsi que l'observe la Comtesse de la Motte, que parce que le sieur Villette *a la bonté* de s'avouer coupable, elle le soit elle-même ; non : la déclaration du sieur Villette est 1°. que c'est lui qui a commis les faux ; 2°. que c'est la dame de la Motte qui les lui a fait faire : deux faits différents & soumis aussi à des preuves différentes.

En premier lieu, eſt-ce lui qui a fait les approuvés & qui a ſigné *Marie-Antoinette de France?* Il l'a avoué en dernier lieu. Depuis ſon aveu, on a procédé à une vérification, ſur laquelle il aura été confronté avec les experts; c'eſt à la Cour à peſer, par ſa ſageſſe & par ſes lumieres, quel degré de confiance mérite cet art ſi conjectural, ſur-tout lorſque des experts écrivains n'operent qu'après des aveux connus d'eux, & qu'ils n'oſeroient contredire. Le ſieur Villette aura donc contre lui, & ſon aveu, & deux témoins experts; la Comteſſe de la Motte n'y prend pas d'intérêt.

En ſecond lieu, eſt-elle complice par la dictée qu'on lui impute d'avoir faite? Voilà contr'elle un témoin, mais un témoin unique: *teſtis unus*, *teſtis nullus.* C'eſt, de plus, le témoignage de l'accuſé. Eh! de quel poids auſſi peut-il être contre la dame de la Motte, après une dépoſition formelle, comme témoin, ſur la plainte originaire de M. le Procureur-Général; après un interrogatoire, comme accuſé principal; après un double récolement, comme accuſé & comme témoin; après les premieres confrontations, où la dame de la Motte le preſſoit de s'expliquer clairement ſur ſes ſuppoſitions; après une derniere confrontation où elle lui a repréſenté, que précédemment elle lui en avoit dit aſſez pour qu'il s'avouât coupable, pour qu'il l'accuſât elle-même: chocs & combats à outrance, d'après leſquels il eſt permis à la raiſon de s'étonner d'un aveu ſi tardif. S'il mérite foi contre lui-même, malgré tant de contradictions: les contradictions repouſſent ſon témoignage contre un tiers. Qu'il périſſe le ſieur Villette s'il eſt coupable; mais qu'il n'eſpere pas que ſuicide, la main retirée de ſon ſein ira percer celui de ſon prétendu complice!

Que disons-nous, suicide! Pesons ici les conseils qu'il donne à la dame de la Motte; savoir, *qu'en avouant ils allégeront leur punition*; pesons les craintes que la dame de la Motte dit lui avoir été inspirées, & qu'il ne désavoue pas. En un mot, le sieur Villette sera jugé sur son aveu, sur l'information par experts, & la dame de la Motte le seroit, sur quoi? Sur la dernière parole d'un homme égaré par des craintes intérieures, qui ne peuvent être que l'ouvrage du dehors. Sans doute les Magistrats prononcent contre chaque accusé sur ce qui est écrit contre chacun. Ce qui est écrit contre le sieur Villette; c'est son aveu qui a précédé l'information des Experts; c'est l'information qui a suivi. Et contre la dame de la Motte qu'y a-t-il d'écrit dans tout le cours de l'information? Répétons ici ce que nous avons dit sur la remise que M. le Cardinal lui imputoit de lui avoir faite deux fois de l'écrit même.

Aucun témoin qui ait *entendu* dicter au sieur Villette; aucun témoin qui ait vu, qui ait ouï dire; aucun *de visu*, *de auditu*. Parmi quarante témoins, pas un seul, pas même M. le Cardinal de Rohan; &, s'il a su que la dame de la Motte ait dicté, s'il l'a su, ou à l'instant, ou dans un temps proche, ou sous des époques plus ou moins reculées, qu'il le dise; lui, qui faisoit publier, imprimer que *Marie-Antoinette de Valois* avoit signé *Marie-Antoinette de France*, & qui a provoqué une déposition, depuis démentie. Il n'y a, encore une fois, que la déclaration d'un homme qui veut périr, *non auditur perire volens*: axiome vrai pour l'accusé principal, contre lequel il n'y a pas d'autre preuve, puisque une information, qui est le résultat de son aveu même, ne seroit pas suffisante contre lui; axiome plus vrai contre un tiers. Comment la Justice prononceroit-elle sur le fait de cette prétendue complicité, nous ne disons pas des peines plus légeres, mais une condamnation quelconque contre une femme accusée par un homme de lui avoir dit, *signez*; une femme âgée alors de 29 ans & un homme de 33 ans? Point de violence, point de séduction envers cet homme majeur; mais enfin point de preuve contre la dame de la Motte.

Nous nous trompons peut-être; &, si elle n'a participé en rien dans le faux écrit, n'auroit-elle pas participé à des négociations antérieures qui auroient trompé, & M. le Cardinal de Rohan, & les Joailliers? Expliquons-nous.

Nous avons parlé d'un premier Mémoire remis à la Reine par ses Joailliers le 12 Août 1785, & dans lequel la Comtesse de la Motte n'est pas même nommée depuis le 24 Janvier jusqu'au premier Février, époque de la négociation devenue personnelle à M. de Rohan. Mais il est un second Mémoire imprimé dans le recueil qui contient le premier, le second intitulé: *Mémoire instructif sur la connoissance de la Comtesse de Valois avec le sieur Bohëmer & Bassanges.* La date de ce second Mémoire est pour le moins incertaine: on lui donne vaguement celle du 23 Août 1785, n'importe; ce seroit toujours depuis la détention de M. le Cardinal, & dans le tems des premieres intrigues.

Mais suivant celui-ci, dès le mois de Décembre 1784, les » sieurs Bohëmer & Bassanges ont été instruits qu'une dame » de l'auguste Maison de Valois pourroit s'intéresser à la vente » du collier auprès du Roi & de la Reine, qu'indécise si elle » feroit la démarche, elle avoit témoigné la curiosité de voir. » Le 29 Décembre, le sieur Bassanges va chez elle avec un » sieur Achet; *elle ne veut rien promettre*: elle répond qu'elle

» n'aime pas à ſe mêler de ces ſortes d'affaires : que peut-être il » ſe trouveroit une occaſion favorable. Trois ſemaines ſe paſſent » ſans qu'ils aient occaſion de la revoir. Au bout de ces trois ſe- » maines, le gendre du ſieur Achet, Me la Porte, la voit : le » gendre prie les Joailliers de paſſer chez elle le lendemain : » ils y vont : elle eſpere alors, dit-on, qu'ils réuſſiront ; ce ſera » un très-grand Seigneur qui ſera chargé de traiter, & elle » leur conſeille de prendre avec lui *toutes leurs précautions* » pour les *arrangemens qu'il pourroit* être dans le cas de leur » propoſer, c'eſt tout ce qu'elle put leur dire à ce ſujet.

» Quelques jours après, la dame de Valois & ſon mari » viennent chez eux leur annoncer, à ſept heures du matin, » que le grand Seigneur va venir dans la matinée. Le mari & » la dame ſa femme recommandent de rechef de *prendre toutes* » *les précautions* pour les *arrangemens*. Un moment après, on » annonce M. le Cardinal de Rohan, qui traite avec les ſieurs » Bohëmer & Baſſanges, de quelle maniere ? *De la maniere* » *détaillée dans le mémoire remis par eux le* 12 *à Sa Majeſté* » *la Reine* ». C'eſt-à-dire, que M. de Rohan traite depuis le 24 Janvier juſqu'au premier Février, en leur diſant que ce n'étoit pas pour lui, que ce ſeroit pour un acquéreur qu'il ne lui ſeroit peut-être pas permis de nommer ; mais que dans ce cas il feroit des *arrangemens particuliers*.

Voilà ce qu'on veut appeller des négociations antérieures au 24 Janvier, auxquelles la dame de la Motte auroit eu part dans un tems où M. de Rohan étoit encore à Saverne, n'étant arrivé à Paris que le 5 Janvier 1785. Le ſecond mémoire a été ſoutenu depuis de dépoſitions de la part des ſieurs Bohëmer, Baſſanges, Achet, ſon gendre & autres, tous confrontés à la dame de la Motte. La Cour verra, dans cette partie de la procédure, ce qui eſt tout à ſon avantage : elle y verra les reproches légitimes propoſés contre les uns, l'intérêt pécuniaire que d'autres de ces témoins ont voulu avoir comme proxenetes ; les tems nous preſſent, nous ne pouvons appeſantir ſur les détails ; mais au fonds, qu'en réſulteroit-il ?

Une premiere entrevue de la dame de la Motte avec les Joailliers, au 29 Décembre 1784, une interruption de trois ſemaines, pendant leſquelles M. le Cardinal de Rohan étoit revenu à Paris, puiſqu'il y étoit dès le 5. Ce n'eſt qu'à la fin de Janvier qu'elle a parlé du collier à M. le Cardinal, par forme de converſation, ainſi qu'elle l'a dit dans ſon Mémoire imprimé au mois de Novembre dernier. Il lui répondit auſſi vaguement ; mais le 24 Janvier, il lui envoie demander la demeure des Marchands ; elle députe ſon mari vers le gendre du ſieur Achet, parce qu'elle ne ſavoit pas cette demeure perſonnellement : l'adreſſe eſt portée à M. de Rohan le 24, qui, le même jour, commence chez eux myſtérieuſement la véritable négociation. Depuis le 24 ils n'ont plus revu, ſuivant leur ſecond Mémoire, la dame de Valois, ſi ce n'eſt un jour qu'elle vint dîner chez eux, un autre jour qu'elle les engagea à venir dîner chez elle ; & dans les deux entrevues, *il ne fut aucunement queſtion de la négociation du collier.*

Ajoutons que parmi ces témoins qui ont dépoſé des pourparlers de la dame de la Motte avec les Joailliers, il en eſt qui diſent qu'il lui avoit été offert des cadeaux pour elle, & qu'elle a toujours répondu *qu'elle ne vouloit rien, n'ayant eu aucune part à la vente*, parce qu'en effet depuis le 24 Janvier que l'adreſſe des Joailliers avoit été portée à M. le Cardinal, il s'étoit abſenté de chez elle ; parce que, lorſqu'il la revit après pluſieurs jours, il ne lui parla de rien ; elle l'agace, & ſa réponse fut : *Vous êtes curieuse, eh bien ! c'est pour votre Souveraine ; les Joailliers sont contens ; affaire terminée : mais le plus grand secret ; car vous ne savez pas garder le plus petit.*

Ainsi, ce qui est vrai, c'est que c'est à la dame de la Motte que les Joailliers & leurs agens s'étoient d'abord adressés le 29 Décembre 1784 ; c'est elle qui, après trois semaines, en avoit parlé à M. le Cardinal ; mais c'est lui qui, depuis leur adresse reçue, a négocié seul par des *arrangemens* célés à la dame de la Motte ; 2 époques toutes différentes, d'un côté, les pourparlers de la dame de la Motte avec les Joailliers, & qui ne peuvent être qualifiés *négociations sur le marché* ; de l'autre, négociations du marché même qui regardent les conditions écrites par M. le Cardinal, acceptées par les sieurs Bohëmer & Bassanges le 26, quoique sous la date du 29, & munies des faux approuvés, de la fausse signature *Marie-Antoinette de France*. On peut indiquer des marchands à un acquéreur, mais c'est celui-ci seul qui est le négociateur. La dame de la Motte a indiqué, & M. le Cardinal a agi.

Faut-il parler d'une autre fable, de ces liaisons avec la Reine, dont on veut que la dame de la Motte se soit fait honneur, ainsi que d'une correspondance de lettres ? La Comtesse de la Motte feroit bien coupable, si l'allégation étoit vraie, puisque c'est un honneur qu'elle n'a jamais eu. Elle supplie humblement ses Juges d'écouter attentivement la lecture des dépositions sur cette fable, de redoubler d'attention sur le ton ferme avec lequel elle a dénié ; c'est l'un des objets du Procès qui l'affecte le plus sensiblement. Elle a au contraire toujours soutenu avec la même intrépidité à M. de Rohan, que c'étoit lui qui, en 1784, l'entretenoit sans cesse du retour des bontés de la Reine, qui lui parloit, qui lui montroit des lettres qu'il

disoit

disoit avoir reçues de Sa Majesté, les sieurs Bohëmer & Bassanges en conviennent. Le sieur Bohëmer cite des lambeaux d'autres lettres qui lui ont été lues par le Prélat; il cite le sieur de Saint-James à qui le Prélat en a montré une où la Reine disoit: *Je n'ai pas coutume de traiter ainsi avec mes Joailliers*; lettres fausses, mais que le Prélat osoit dire avoir reçues. Il le nie aujourd'hui, & il a raison, car la Comtesse de la Motte n'y a jamais cru; mais impatientée de cette jactance, de ses vœux pour la dignité de premier Ministre, de ses espérances de voir à ses pieds ses rivaux; humiliée enfin d'un outrage grave fait à elle personnellement, elle se détermina à une vengeance, seul reproche qu'elle ait à se faire, c'est la scene scandaleuse jouée par la demoiselle d'Oliva.

Mais au moins cette fille n'a-t-elle pas su (elle l'avoue) que ce fût un rôle éminent qu'elle alloit jouer, la dame de la Motte ne lui ayant pas dit autre chose, si ce n'est qu'elle vouloit se venger de son amant, & lui ayant même dissimulé que ce fût M. le Cardinal de Rohan. Il n'y a pas d'excuse sans doute pour un projet si audacieux; il n'y en a pas pour la Comtesse de la Motte, & il y en a bien moins pour M. de Rohan, qui est ici véritablement coupable de la violation du respect dû à la Majesté Royale. Mais, quel rapport cet événement, qui est de la fin de Juillet ou du commencement d'Août 1784, peut-il avoir à l'événement du collier dont on ignoroit l'existence, & qui n'a été connu que cinq ou six mois après? Nulle liaison entre deux événemens séparés l'un de l'autre par un long intervalle. C'étoit, dit-on, pour enchaîner M. le Cardinal de Rohan. Non: c'étoit pour s'en venger par les motifs écrits dans les confrontations, & qu'elle ne transcrira pas.

N'en est-il pas de même de deux sommes que M. de

Rohan dit lui avoir été demandées par la dame de la Motte, pour des perſonnes pauvres au ſort de qui la Reine prenoit quelqu'intérêt; l'une de 60,000 livres au mois d'Août même année 1784, l'autre de 100,000 livres au mois de Septembre ou d'Octobre ſuivant, époques toujours antérieures, toujours étrangeres à ce collier alors inconnu?

Si l'on doit en croire M. de Rohan, c'eſt lui qui a livré la premiere ſomme à la dame de la Motte à Paris ſur un billet de la Reine, & ce billet où eſt-il? Ne devoit-il pas le demander? Ne devoit-il pas au moins demander un reçu pour être en état dans tous les tems de prouver qu'il avoit déféré à des ordres, puiſque ce n'étoit pas un don, mais une ſimple avance qu'il croyoit faire à la Reine?

Si l'on doit l'en croire auſſi ſur la ſeconde ſomme de 100,000 livres, elle lui a été demandée de Paris à Saverne où il étoit alors; & dans ce cas, il doit avoir reçu une lettre qui en contenoit la demande. C'eſt de Saverne qu'il auroit envoyé 100,000 livres; ils auroient été portés à la dame de la Motte à Paris par le Baron de Planta, qui, n'étant que mandataire, devoit dans cette qualité prendre un autre reçu pour prouver à M. de Rohan qu'il avoit rempli ſa miſſion. La dame de la Motte confrontée à M. le Cardinal, l'a ſommé de repréſenter la lettre de ſa demande, les reçus que le Baron de Planta dit lui avoir été donnés. M. de Rohan répond que quoiqu'il n'ait ni lettre ni reçu, les ſommes n'ont pas moins été livrées. A qui veut-on perſuader ces ineptes imprudences, pour des ſommes conſidérables qui n'étoient pas données, qui n'étoient qu'avancées? Et d'ailleurs ſi les prêts étoient vrais, M. le Cardinal de Rohan devroit-il s'étonner que la dame de la Motte eût paru en 1784 dans une ſorte d'opulence, avant l'événement du collier?

Mais, c'eſt trop nous écarter de l'objet plus ſérieux, le délit qui conſiſte donc, d'un côté, dans la négociation du marché, ouvrage ſeul de M. le Cardinal de Rohan ; & de l'autre, dans le marché même, écrit par lui, qu'il a fait ſigner par les Joailliers, qui ne lui a pas été porté une premiere fois ſans ſignature & ſans approuvés, ni rapporté une ſeconde fois *approuvé & ſigné.* S'il n'a pas apperçu la fauſſeté, c'eſt qu'il n'a pas voulu l'appercevoir. Quel que ſoit le téméraire qui a écrit, quelle que ſoit la main perfide qui lui en a fait la remiſe, il l'aura reçu, parce qu'il en ſavoit le ſecret, c'eſt-à-dire, *ſes arrangemens particuliers.* Sans ce nœud *d'arrangemens particuliers* à M. de Rohan, & connu de lui ſeul, ce ſont par-tout des abſurdités inconcevables. Avec ce nœud au contraire, on voit, on entrevoit au moins pourquoi M. de Rohan, évitant la dame de la Motte depuis le 24 Janvier, a ſeul écrit les conditions, les a fait accepter le 29 au lieu du 26, a lu l'écrit ſans ſe récrier ſur la ſignature, a montré le même écrit au ſieur de Saint-James, dans le même mois de Février, l'a gardé juſqu'au moment de ſa détention, au lieu de le remettre aux Joailliers, à qui il appartenoit naturellement, puiſque ſans cela ils n'avoient pas de titres : c'eſt qu'il n'a pas voulu qu'ils en euſſent contre lui.

Quoi ! le fait de ces arrangemens perſonnels à lui reſtera douteux, incertain, parce que M. le Cardinal de Rohan en retient dans ſon cœur le ſecret avec lequel il a trompé le ſieur de Saint-James, les Joailliers & d'autres encore ! Nouvelles circonſtances qui vont publier l'innocent ou le coupable, entre M. le Cardinal de Rohan & la dame de la Motte.

C'eſt premierement une dépoſition du ſieur de Saint-James qui a été confronté à M. de Rohan, contre qui il faiſoit charge, & non à la dame de la Motte, à qui la dépoſition étoit étrangere ; en ſorte que nous ne pouvons parler du fait que d'après M. de Rohan lui même.

Une lettre, dit-il, avoit été écrite, par les Joailliers, à la Reine, le 12 Juillet; &, quelque-tems après, M. le Cardinal dit au ſieur de Saint-James, qui en dépoſe, qu'il *a vu*, entre les mains de la Reine, une ſomme de 700,000 livres deſtinées au premier paiement du collier, mais qu'il n'avoit pas voulu s'en charger. Le ſieur de Saint-James dépoſe que M. de Rohan lui a dit avoir *vu*, avoir *vu* entre les mains de la Reine. Pour l'avoir vue dans les mains, il faudroit avoir vu la Reine, & le fait étoit faux; il y avoit plus de ſix ans que la Reine ne lui avoit porté une parole; il a donc voulu tromper le ſieur de Saint-James, & il eſt véritablement trompeur en cette partie, ſuivant l'expreſſion ſouvent employée par le Prélat; mais ſuivant lui, il n'a pas dit avoir *vu entre les mains de la Reine* une ſomme, il a dit avoir *vu* entre les mains de la dame de la Motte une lettre de la Reine, qui diſoit avoir 700,000 livres de billets. Ainſi, M. de Rohan *a vu;* il en convient. Qu'a-t-il *vu?* 700,000 livres. Voilà ce qu'il a dit au ſieur de Saint-James; voilà ce dont le ſieur de Saint-James a dépoſé; & M. de Rohan prétend lui avoir dit qu'il avoit vu une *lettre* qui en parloit? Y a-t-il donc à ſe méprendre pour le ſieur de Saint-James, entre une lettre purement énonciative, vue entre les mains de la dame de la Motte, & une ſomme en billets, entre les mains de la Reine? Une lettre ou une ſomme; les mains de la *Reine*, ou les mains de *la dame de la Motte*; c'eſt ce qu'on veut perſuader au ſieur de Saint-James, qui a entendu & qui a dépoſé. Il n'eſt pas de dépoſition de témoins, qui ne pût être ainſi altérée en faveur d'un accuſé.

Deuxieme dépoſition, elle eſt du ſieur Baſſanges. Il demande à M. le Cardinal s'il eſt bien ſûr que l'intermédiaire ne les a pas trompés tous, ou ſi lui, M. le Cardinal, a traité *directement* avec la Reine: M. le Cardinal dit avoir répondu avec la *cer-*

titude d'un homme qui avoit *cru*, pendant six mois, tout ce que la Comteſſe de la Motte depuis ſix mois lui diſoit ; mais le Joaillier ne lui demandoit pas, avez-vous *cru* traiter directement ? M. de Rohan ne répond pas, *je l'ai cru* ; il répond, *j'ai* directement *traité*. Le Joaillier lui demandoit un fait : *avez-vous traité* ? & il auroit répondu, je crois, je ſuis ſûr, je ſuis convaincu. S'il l'avoit dit ainſi, le Joaillier l'auroit entendu de même ; mais auſſi il ſe feroit expliqué, en diſant : ce n'eſt pas-là, Monſeigneur, ce que j'ai l'honneur de vous demander. En effet, lorſque quelqu'un demande à un autre : avez-vous *fait* telle choſe ? Répondre, je l'ai faite *directement*, c'eſt répondre à ce qui eſt demandé : mais répondre, je ſuis ſûr, je ſuis certain, c'eſt au moins lui laiſſer entendre toute autre choſe que ce qu'il demande ; c'eſt le laiſſer dans l'erreur ; c'eſt ne pas l'avertir qu'il y eſt ; c'eſt le tromper, ou par réticence, ou par aſſertion poſitive ; alternative qu'on peut laiſſer au choix de M. de Rohan. S'il a dit, j'ai traité *directement*, comme le dépoſe le ſieur Baſſanges, la tromperie eſt poſitive ; s'il a dit, je ſuis ſur, la réticence eſt encore trompeuſe ; & dans le fait, le Joaillier a été trompé de l'une ou de l'autre maniere, parce qu'on vouloit le tromper ſur des engagemens particuliers ; de même que le ſieur de Saint-James l'a été ſur cette parole ; *j'ai vu entre les mains de la Reine* 700,000 *livres de billets*, d'autant plus qu'il s'agiſſoit d'engager le ſieur de Saint-James à faire l'avance d'une ſomme.

Ce ſont donc deux nouvelles circonſtances accablantes pour M. le Cardinal de Rohan ; la dépoſition du ſieur Baſſanges ſur une négociation directe, déclarée, affirmée par le Prélat ; la dépoſition du ſieur de Saint-James, que le Prélat lui a dit avoir *vu* 700,000 livres dans *les mains* de la *Reine*. S'il n'y avoit que l'une des deux circonſtances, on feroit forcé de s'en rapporter à chaque témoin plutôt qu'à l'accusé. Il y a deux circonstances, deux témoins, non pas chacun sur un fait différent, mais sur un même fait, celui d'une négociation directe de la part de M. le Cardinal, puisque la négociation étoit pour acquérir le collier, & puisque les 700,000 livres *vues* étoient pour le paiement.

Il est vrai que les faits attestés par M. de Rohan, soit au sieur de Saint-James, soit au sieur Bassanges, étoient également faux; car M. le Cardinal n'a pas eu l'honneur de traiter directement avec sa Souveraine; il n'en avoit jamais reçu aucune lettre, & la dame de la Motte ne lui en avoit jamais remis, ni montré aucune; de même M. de Rohan n'avoit pas vu 700,000 livres entre les mains de la Reine; mais il n'en est pas moins vrai qu'il a attesté & l'un & l'autre fait, aux deux témoins qui en ont tous deux déposé : c'est la double tromperie dont il a usé envers eux. Ses interprétations ne peuvent être excusées, ni par les spéculations profondes de la métaphysique sur les erreurs de l'ame ou des sens, ni par le langage pompeux d'une riche & brillante imagination.

Mais troisieme circonstance qui va résulter d'un écrit trouvé sous les scellés de M. le Cardinal.

Si celui-ci n'est pas de sa main, il avoue qu'il est de la main de son Valet-de-Chambre à qui il l'a dicté; il lui donne une date arbitraire entre le 22 & le 25 Juillet 1785. Il prétend que ce n'est qu'une note, un de ces *memènta* qu'on est d'usage d'écrire pour se rendre compte à soi-même de certains faits. La dame de la Motte croit au contraire que c'est le brouillon, la copie d'une lettre envoyée par M. le Cardinal à quelqu'un que nous ne connoissons pas, & qui doit être connu de lui; &, pour l'intelligence de ce papier, il faut être instruit que le Ministre a mandé plus d'une fois les Joailliers; que lorsqu'il les manda la ſeconde fois, M. le Cardinal leur avoit dit : *ne parlez de la négociation qu'autant que le Miniſtre ſeroit chargé de vous en parler lui-même : le plus profond reſpect doit honorer les volontés des Souverains, & le reſpect inſpire le ſilence.* C'eſt ce que tout le monde a lu dans une requête de M. le Cardinal, qui eſt au procès.

Quoi qu'il en ſoit, voici ce que la dame de la Motte a retenu de la lettre qui lui a été montrée lors des confrontations, comme trouvée ſous les ſcellés de M. de Rohan.

Envoyé chercher, pour la ſeconde fois, B. ce qui veut dire Bohëmer ou Baſſanges. Par qui envoyé chercher ? *Crois que c'eſt pour lui parler encore de ce qui a été dit la premiere fois ſur le ſecret en queſtion.... S'il eſt envoyé chercher par le maître* (le Roi), *qu'il diſe que l'objet en queſtion eſt envoyé dans le pays étranger.* La lettre ajoute : *la tête lui tourne depuis que ... A ... a dit : que veulent dire ces gens-là ? Je crois qu'ils perdent la tête. A*, ſemble ſignifier la Reine, qui auroit dit, *que veulent dire ces gens-là?* Enſuite, *je crains bien que la mienne ne tourne auſſi* (celle de M. le Cardinal de Rohan). *Que B.* (Bohëmer ou Baſſanges) *obſerve que la perſonne que j'ai propoſée, & qui veut bien ſe prêter à nos moyens, peut être un peu capable de nous tirer de nos inquiétudes ; ainſi rien ne change l'ordre des choſes pour le préſent & le futur ... qu'il obſerve ſur-tout le plus grand ſecret*, & apparemment que la perſonne propoſée pour ſe prêter à *nos* moyens, eſt une caution que M. de Rohan vouloit donner aux Joaillers.

Quelle que ſoit l'obſcurité de ces expreſſions, on y remarque les inquiétudes de M. le Cardinal, à quelle époque ? Ce ſeroit au moins, ſuivant lui, entre le 22 & le 25 Juillet, parce que la Reine auroit déjà été inſtruite des plaintes des Joailliers. M. de Rohan l'étoit donc auſſi ; le ſieur Villette a même dit, quelque part, que M. le Cardinal l'étoit dès les premiers jours de Juillet, peut-être à la fin de Juin; & le silence, la connivence, la tranquillité de M. de Rohan sur la signature, *Marie-Antoinette de France*, prouveroient qu'il en avoit connu la fausseté depuis très-long-tems. C'est donc lui qui est véritablement complice de la main qui lui a remis l'écrit, de même qu'il est seul auteur des quatre conditions, seul dépositaire de l'écrit faux, seul négociateur avec les Joailliers le 24, le 26, le 29 Janvier & le premier Février 1785. Tout a été fait à l'insu de la Reine; c'est, encore une fois, ce dont M. de Rohan doit être déclaré atteint & convaincu. Tout est prouvé contre lui, & il n'existe aucune preuve contre la Comtesse de la Motte, ni de la négociation avec les Joaillers sous les mêmes époques, ni de l'écrit donné, porté, rapporté à deux fois différentes, dont les Joailliers ne disent pas un mot dans leur Mémoire remis à la Reine le 12 Août; il n'y a absolument contr'elle que la déclaration tardive, étonnante de l'accusé principal, après des dénégations subsistantes alors depuis plus d'un mois. Au contraire M. le Cardinal a contre lui sa qualité de rédacteur & de dépositaire perpétuel du marché; il a contre lui ce marché même dont la fausseté étoit sensible à ses yeux, Marie-Antoinette *de France*; il a contre lui la déposition du sieur de Saint-James, la déposition du sieur Bassanges, la lettre, la note, l'écrit trouvé sous ses scellés. Que les Juges prononcent maintenant sur le sort du sieur Villette, de M. le Cardinal & de la dame de la Motte; que leur Jugement apprenne aux Nations quels doivent être les leurs, sans acception des personnes: Louis de *Rohan*, Jeanne de *Valois*.

Tel est le premier délit dégagé de tant d'accessoires perfidement accumulés pour le dérober à tous les regards.

SECOND DÉLIT.

SECOND DÉLIT.

Le dépécement, l'escroquerie du collier.

Dans tous les tems, M. le Cardinal de Rohan en a discuté les détails avec beaucoup d'étendue ; il voudroit persuader aujourd'hui que ce second délit n'est l'objet ni des Lettres-patentes du Roi, ni de la plainte originaire de M. le Procureur-Général, Accusateur ; il est intéressé sans doute à distraire ainsi l'attention : démontrons d'abord la connexité indivisible.

Il est constant que le collier n'a été négocié, & que le faux marché n'a été signé sous le nom de la Reine, que pour envahir le bijou sous le même nom. L'escroquerie du bijou a été l'objet, le faux écrit a été le moyen. C'est un double attentat d'avoir abusé du nom auguste, & par la rédaction de l'acte, & par la tradition de l'objet, *circonstances & dépendances* d'un tout réellement indivisible. Aussi tout le monde se demande-t-il ce qu'est enfin devenu le collier.

Les Lettres-patentes du Roi disent positivement qu'*il a été livré audit Cardinal de Rohan par lesdits Bohëmer & Bassanges* ; la plainte de M. le Procureur-Général le répete ; le Mémoire des Joailliers l'atteste, & M. le Cardinal en convient ; ainsi le voilà saisi, & comment se fera-t-il désaisi.

Dans son interrogatoire ministériel, dans son interrogatoire judiciaire, dans sa Requête, & en dernier lieu dans son Mémoire imprimé, il allegue, quoi ! Citons.

« *Il croit se rappeller* que le premier Février 1785, avant de » se rendre à Versailles, il vit le sieur Cagliostro, & lui dit : » Voilà une boîte précieuse ; je l'emporterai ; elle est destinée

» pour la Reine, » & il l'emporta en effet. « Obſervons le ſieur *Caglioſtro*, témoin du départ de M. le Cardinal, & adroitement choiſi. » Arrivé à Verſailles, il ſort pour aller chez » la dame de la Motte, place Dauphine : il ſe fait ſuivre par » Schreiber ſon valet de-chambre, qui ſe charge de la boîte. » (Autre témoin apparemment, le valet-de-chambre, qui porte la boîte dans Verſailles, à la ſuite de ſon maître). » M. le Cardinal la prend de ſes mains à *la porte ;* il trouve la » dame de la Motte ſeule, & lui préſente le riche fardeau » qu'il portoit : elle ſe contient. La Reine attend, dit-elle ; il lui » ſera remis ce ſoir. Quelque tems après paroît un homme qui » ſe fait annoncer de la part de la Reine : M. le Cardinal ſe re- » tire *par diſcrétion* dans une alcove à demi-ouverte ; l'homme » remet un billet ; la dame de la Motte le fait ſortir *un moment*, » ſe rapproche de M. le Cardinal, lui lit ce billet portant ordre » de remettre la boîte au porteur : on le fait rentrer ; la boîte » lui eſt livrée, & il part. M. le Cardinal croit y voir le dernier » acte d'une commiſſion fidélement remplie ». Fable extravagante qu'il faut décompoſer dans toutes ſes parties.

1°. Le tranſport de M. le Cardinal à Verſailles pour y porter la boîte le premier Février 1785, eſt totalement invraiſemblable, d'après les opérations multipliées de cette journée. Car, ſuivant le premier Mémoire des Joailliers, du 12 Août, billet de M. le Cardinal, de Paris, du 1er Fév. au matin, pour qu'ils ſe rendent chez lui *ce matin*, le plutôt poſſible, avec l'objet en queſtion : ils y vont, & lui apportent le grand collier. L'écrit leur eſt montré, & une longue converſation pour les remerciemens, pour les délégations qu'ils n'auront pas, mais pour les intérêts qu'il *tâchera* d'obtenir. Il faut donc, pour tâcher d'obtenir, que ce même jour, premier Février, après l'entrevue à Paris, M.

de Rohan ait envoyé de Paris à Verſailles quelqu'un pour ſavoir les intentions de la Reine ſur les délégations & ſur les intérêts ; il faut que la perſonne envoyée de Paris ait pu pénétrer juſqu'à S. M., & il faut que le même jour M. de Rohan ait reçu de Verſailles une réponſe, puiſque le même jour encore les Joailliers reçoivent à Paris, de la part du Prélat, une nouvelle lettre, qui dit, que Sa Majeſté la Reine *lui a fait connoître* ſes intentions au ſujet des intérêts. Ce n'eſt auſſi qu'après ces intentions connues, qu'il peut être parti de Paris, qu'il a pu arriver à Verſailles chez lui, ſe tranſporter chez la dame de la Motte avec le collier, le lui remettre ou à l'homme qui s'eſt préſenté pour le recevoir. Des entrevues à Paris, des lettres à Paris & à Verſailles, des courſes, des allées, des venues, le tout en un ſeul jour, premier Février ; qui pourroit le croire !

2°. Lorſqu'il eſt arrivé à Verſailles, chez lui, chez la dame de la Motte, le prétendu commiſſionnaire de la Reine ſe préſente ; c'étoit-là le moment pour M. le Cardinal de Rohan de lui remetre en perſonne la boîte, c'eſt pour cela qu'il étoit venu de Paris : mais ſi-tôt qu'il apperçoit l'homme, il ſe retire par *diſcrétion*, & pourquoi donc par *diſcrétion*, s'il ſavoit qu'il eût miſſion de la part de la Reine ? Mais le Prélat ſe retire : où ? Dans une alcove, alcove demi-ouverte, ſans quoi il n'auroit pu voir ce qui alloit ſe paſſer. L'homme remet un billet, la dame de la Motte le fait ſortir un moment, ſe rapproche du Prélat, lui lit le billet, portant ordre de remettre la boîte au porteur : on le fait rentrer ; la boîte lui eſt livrée, & il part. Eſt-il un lecteur raiſonnable qui ne rie, ou plutôt qui ne s'indigne de ce burleſque récit ? M. de Rohan caché dans l'alcove ! Eh, le billet dont l'homme étoit porteur, qu'eſt-il devenu ? N'étoit-il pas néceſſaire à conſerver, pour M. de Rohan, pour les Joailliers, pour un effet de 1,600,000 liv. Aucun témoin qui ait vu, qui ait entendu parler de cette remiſe clandeſtine : il l'allegue intrépidement ſous les regards de l'Europe attentive à la maniere dont M. de Rohan s'eſt défaiſi, attentive à la maniere dont ſon aſſertion ſera reçue. Quelle Nation ignore que le dépoſitaire d'un effet volé, eſcroqué, ou au moins conſtamment reçu, doit, non pas dire, mais prouver qu'il l'a remis entre les mains d'un tiers, ſans quoi tout devient arbitraire ? Le foible deviendra la victime de l'homme puiſſant, le pauvre du riche, peut-être le riche & l'homme puiſſant du foible & du pauvre, en un mot l'innocent ſera mis à la place du coupable. Quelle violence faite à la raiſon, aux loix, à l'auſtere vérité ! Ces noms religieux, ſi reſpectables pour les ſujets, les Rois & les Tribunaux humains.

30. Mais cet homme, porteur d'un billet de la Reine : Quel eſt-il donc ? Il avoit été ſignalé par M. le Cardinal de Rohan, petit, fort-maigre, les ſourcils noirs. M. de Rohan a voulu perſuader au ſieur Villette que c'étoit lui, quoique le ſieur Villette ſoit blond, viſage large, corps plus large encore. Et lorſque la dame de la Motte en a fait l'obſervation au Prélat, quelle a été ſa réponſe ? Il ſeroit poſſible, dit-il, que l'homme eût mis ſon mouchoir devant ſa bouche ; mais, lui a-t-elle répondu, le mouchoir n'aura pas été mis ſur les blonds ſourcils ? Cela eſt vrai : mais il a pu les peindre en noirs ; mais il eſt poſſible auſſi que l'ombre des lumieres m'ait préſenté noir ce qui étoit blond ; mais, mais, &c. Une foule d'aſſertions moins pertinentes & plus ridicules l'une que l'autre. Concluons au contraire qu'il eſt prouvé que M. de Rohan a toujours eu l'écrit, & qu'il ne prouve pas que ce ſoit la dame de la Motte qui le lui ait remis : concluons que M. de

Rohan a eu le collier, & qu'il ne prouve pas qu'il l'ait remis à la dame de la Motte : c'eſt dans les mains du Prélat qu'il eſt entré ; c'eſt dans ſes mains qu'il eſt reſté. Tel eſt donc ce procès célebre qui, au fond, eſt de la nature de tout autre. Y a-t-il en France deux poids, deux meſures, l'une pour Jeanne de Valois, l'autre pour Louis de Rohan ? Magiſtrats, prononcez.

Non, non, on ſaura vous entraîner hors de vos principes, de vos routes ordinaires par le torrent des impoſtures, des outrages, des abominations proférées & écrites. Ici l'indigence barbarement reprochée à Jeanne de Valois, & reprochée à Jeanne, devenue Comteſſe de la Motte : là les reproches de l'opulence ſubite ; tantôt la profuſion de diamans vendus, achetés, échangés par elle, par ſon mari, à Paris & à Londres ; tantôt le faſte des ameublemens, des voitures, des livrées, d'un nombreux domeſtique, au milieu néanmoins d'aumônes, de charités, de quatre & cinq louis envoyés quelquefois par le Grand-Aumônier de France, au nom du Roi, dans des cartes portées par des valets, témoins déſignés chacun par leur nom. Oui, les contradictions & leurs contraſtes ne ſont pas même ſauvés dans cet outrageant ſyſtême; & en même tems que le Prélat voyoit la maiſon de Paris meublée, qu'il ſourioit aux équipages, qu'il careſſoit les chevaux, il n'envoyoit pas moins ſes cartes d'aumônes ; &, en 1785, pendant ſix mois, il n'a pas un inſtant ſoupçonné les rapines d'un collier qu'il croyoit ſincérement parvenu à ſa deſtination. Faut-il entrer dans des détails épuiſés par les réponſes fermes & vigoureuſes de la Comteſſe de la Motte en préſence de ſon Adverſaire, ſouvent réduit à ne pas répondre, à rougir & ſe taire ? Si c'eſt le Public qui attend ces détails, nous ne pourrions le ſatisfaire qu'en prenant la table de ces aſſertions, en ſuivant les Ecrits page par page, &, pour ainſi dire, ligne par ligne. Mais lorſque nous écrivons celle-ci, le rapport de l'affaire eſt déjà commencé : offrons néanmoins un tableau racourci. Il faut le commencer par les ombres de l'indigence.

La Comteſſe de la Motte étoit née indigente, quoiqu'elle ne fût pas deſtinée à l'être par ſon nom : elle fut élevée par la vertu généreuſe de la Marquiſe de Boulainvillers ; elle a enſuite obtenu des bontés du Roi, deux Brevets d'une penſion qui eſt aujourd'hui de 1500 livres ; mais dans quelques-unes des ſéances de ſes confrontations, elle a donné la liſte des bienfaits reçus des Princes & Princeſſes de la famille Royale ; elle l'a donnée par leurs noms, par les ſommes, par les années 1781, 1782, 1783 & 1784 ; liſte honorable pour elle, & dont le calcul ſurpaſſeroit 90000 livres, ſi la GÉNÉROSITÉ vouloit permettre à la RECONNOISSANCE de calculer. L'animoſité de M. de Rohan a retranché quelques articles ſur leſquels il prétend avoir pris des informations. Nous voulons ignorer s'il en a été fait réellement ; le reſpect nous en impoſe la loi.

A cette liſte honorable, la dame de la Motte s'eſt vue forcée, dans d'autres ſéances, d'en ajouter une ſeconde, celle des bienfaits de ſon barbare perſécuteur, qui ont monté à des ſommes immenſes de 70,000 liv. pour chaque année, l'une dans l'autre ; & quels que ſoient les torts qu'elle avoue, étoit-ce à lui à reprocher la premiere aiſance qu'elle a éprouvée de ſa part, ſur-tout en 1784, où elle a placé 30,000 livres d'une part, 30,000 livres de l'autre, 18,000 livres dans une maiſon à Bar-ſur-Aube, le tout avant qu'il fût queſtion du fatal collier ? C'eſt un outrage ſanglant que ces viles pieces de monnoie qu'il dit avoir envoyées dans des cartes; Rohan n'étoit pas fait pour les offrir, Valois pour les recevoir; monnoies trop au-dessous même de ce qu'elle donnoit aux gens de M. le Cardinal, lorsqu'ils apportoient chez elle les especes sonnantes, ou les papiers de caisse. S'il y a eu un instant où elle a aliéné, avec la permission du Roi, les fonds de sa pension & de celle de son frere, c'étoit plutôt pour fournir aux dettes personnelles du frere, & à ses voyages de mer, que pour des besoins personnels à elle; elle est rentrée depuis dans le droit de ses brevets qui subsistent, & elle reste moins humiliée de son ancienne détresse, que des sources de sa premiere aisance.

Parlons aussi de cette prétendue opulence subite, qui est aussi incroyable que l'escroquerie qui en auroit été le germe. Quoi! une femme auroit formé le projet d'escroquer à un Grand-Seigneur, son Bienfaiteur, un bijoux de 1,600,000 liv.! Elle se feroit flattée de réussir, de l'aveugler perpétuellement; & après avoir obtenu un succès inattendu, tout à coup elle auroit étalé à ses yeux le faste insolent de son opulence, avec une ineptie semblable à celle du Grand-Seigneur *mystifié!* Mais non: dès avant 1785, les bijoux de la Comtesse de la Motte étoient déjà assez considérables: on les lui a vus dans les cercles, dans les spectacles; M. le Cardinal les a connus. Ces bijoux se sont accrus par les dons qu'elle a avoués dans un premier Mémoire, qu'elle a plus détaillés dans ses interrogatoires & ses confrontations, non pas comme faits inventés nouvellement, mais comme faits qu'elle n'avoit pas cru d'abord devoir déclarer à son Conseil, ou que le Conseil n'aura pas cru devoir employer alors, parce que le projet de ce premier Mémoire n'étoit que de donner un apperçu sur chaque partie d'une affaire qui ne faisoit que de naître. Combien de choses nouvelles n'auront paru que successivement de la part de M. le Cardinal, au grand étonnement de ses Conseils à lui-même, dans chaque période de l'instruction, dans la Requête donnée lors du Réglement à l'extraordinaire, & même dans son Mémoire actuel ! Ces différences, ces progrès, ces augmentations ou ces diminutions, ne sont pas des reproches admis dans les affaires civiles & criminelles, sans quoi l'on pourroit accumuler ici, contre M. de Rohan, cent variations de cette nature.

Mais, dans cette fortune si cruellement reprochée, est-il rien qui approche du trésor diamantaire ? La dame de la Motte a toujours regretté que les Inspecteurs de Police, qui sont venus l'enlever à Bar-sur-Aube, après treize ou quatorze jours d'une sécurité parfaite, (preuve du sentiment intime de son innocence), ne se soient pas saisis de son écrin qui étoit sous leurs yeux dans les tiroirs qu'elle leur a ouverts ; ils lui ont dit qu'ils n'avoient ordre de prendre que ce qu'ils appelloient papiers & *& écriture.* C'est cette négligence de leur part qui a laissé incertaine la quotité des diamans personnels à elle & à son mari ; c'est ce qui a ouvert à des imputations calomniatrices une carriere libre, dont on a étendu la surface & toutes les dimensions.

Il faut maintenant nous rapprocher de ces diamans vendus, échangés, montés à Paris, à Londres, ou laissés à Londres pour les monter.

Il n'est point de reproches à faire sur ceux qui avoient été donnés à vendre, dit-on, au mois de Février 1785. S'il n'en a pas été parlé dans notre premier Mémoire, c'est que la vente n'avoit pas été faite alors, à cause de la modicité du prix qui en fut offert : ce sont les mêmes qui ont été vendus ensuite

ensuite au sieur Paris 36,000 livres, & il ne faut pas faire d'un seul & même objet un double emploi.

Ceux qui ont été vendus au sieur Regnier, ou montés par lui pour 58,000 livres, n'avoient été déclarés par lui à la Police que tels qu'ils sont portés au premier Mémoire de la dame de la Motte. S'il en a depuis augmenté l'état, il faudroit qu'il lui représentât ses livres : elle a même reçu de lui d'autres états qui sont à la Bastille ; ceux-ci sont soldés par des quittances qui y sont aussi ; & toutes déclarations postérieures seroient sujettes à examen.

Appésantissons davantage sur les diamans livrés à la dame de la Motte par M. de Rohan dans une des scenes scandaleuses jouées par le sieur Cagliostro ; diamans livrés alors non pas pour elle, mais pour que son mari allât vendre les uns, faire monter les autres en Angleterre, & il est inoui que M. de Rohan fasse publier qu'elle a abandonné toutes ces scenes : voici au contraire le dernier état des choses qu'elle nous a déclaré, qu'elle nous a écrit, qu'elle a signé pour nous d'après les confrontations. Copions encore les dires & les réponses.

M. le Cardinal » : Mais, madame, vous devriez au moins convenir que M. le *Comte* de Cagliostro est innocent; enfin, cet homme est privé de sa liberté.

La dame de la Motte » : « Est il possible, M. le Cardinal, a-t-elle repris avec fureur, que vous osiez me tenir ce langage, en demandant avec pitié la liberté d'un homme qui ne faisoit que vous tromper ? Et je n'ai cessé de vous le dire; & vous oubliez de demander la mienne, cette liberté dont je suis privée au prix de l'honneur, & c'est par vous ; & vous savez que je suis innocente, & vous voudriez que je mente pour ſauver *ce monſtre* & *vous*, le tout pour me plonger de nouveau dans le malheur. Oui, il y a eu cinq ſcenes (deux avec la demoiſelle de la Tour & deux avec un petit garçon & une petite fille), la mienne fait cinq, dans laquelle Gaglioſtro a dit : *allez donc, Prince, allez donc*; moment où vous, M. le Cardinal, *avez apporté les deux boëtes* que j'ai détaillées ailleurs. J'ajoute que M. le Cardinal eſt reſté ſans parole, & s'eſt contenté de beaucoup rougir, moi de pleurer, le regardant comme un *monſtre* ».

Ainſi, M. le Cardinal a répandu dans le public que la Comteſſe de la Motte avoit abandonné ce qu'elle avoit dit contre le ſieur Caglioſtro; & la Comteſſe de la Motte au contraire a toujours perſiſté. Elle peut avoir dit que s'il n'étoit arrivé à Paris que le 30 Janvier 1785, comme il le diſoit, il ne pouvoit avoir eu part à la négociation originaire du 24; mais les Magiſtrats ont ſous les yeux la preuve de ſa perſévérance ſur la ſcene : *allez donc, Prince, & ſur les deux boëtes de diamans apportées par M. de Rohan.*

Quel eſt donc cet acharnement de M. le Cardinal à vouloir ſauver l'homme que la dame de la Motte appelle *monſtre*? C'eſt qu'en effet, ſi cette derniere ſcene eſt vraie, s'il eſt vrai que M. de Rohan ait apporté, par l'ordre du ſieur Caglioſtro, deux boëtes remplies de diamans, le procès peut être réduit là : tout eſt dit par rapport au dépécement & à l'eſcroquerie du collier. Le collier entier a été le premier Février 1785, dans les mains de M. le Cardinal de Rohan. La dame de la Motte a reçu de lui les parcelles que ſon mari a été vendre & faire monter à Londres ; elle a reçu celles qui ont paſſé dans les mains des ſieurs Paris & Regnier : il ſuffit donc que, depuis le premier Février 1785, tout ou partie ait été dans celles de

M. de Rohan ; cela eſt ſuffiſant pour affranchir la dame de la Motte du délit perſonnel, auquel l'on donne l'époque du premier Février 1785.

Par rapport à ſon mari, qui a été en Angleterre vendre des portions, quel eſt le rôle qu'on lui donne dans le procès, parce qu'il s'eſt enſuite abſenté ? Nous parlerons de ce qu'il avoit fait à Londres dans ſon premier voyage en Avril 1785 ; mais il faut d'abord l'entendre lui-même dans les renſeignemens ſur ſa retraite au mois d'Août, renſeignemens qu'il a fait parvenir au Conſeil de la dame ſa femme ; c'eſt un Mémoire en forme de lettre adreſſé du lieu où il eſt, à une perſonne qu'il avoit connue à Londres lors du premier voyage entrepris pour les intérêts & par les prieres de M. de Rohan.

Dans un endroit de ce Mémoire en forme de lettre, le Comte de la Motte dit à ſon ami de Londres : « Depuis » notre arrivée à Bar-ſur-Aube (le 6 Août 1785), nous étions » occupés à faire des viſites dans la ville & aux environs. » Le 17, revenant de chez M. le Duc de Penthievre, » qui étoit à ſa terre de Châteauvillain, nous nous arrêtâmes » à Clairvaux. M. l'Abbé nous fit beaucoup d'inſtance pour » ne partir qu'après le ſouper ; ce que nous acceptâmes. Je » me trouvai à table à côté d'un Abbé qui arrivoit dans l'inſ- » tant de Paris, & qui m'aſſura que M. le Cardinal de Rohan » avoit été arrêté deux jours auparavant & conduit à la » Baſtille. Cette nouvelle me parut d'autant plus vraiſem- » blable, que j'avois été témoin de tant d'allarmes, de tant » d'intrigues ! Enchanté d'avoir quitté Paris, d'en avoir tiré » mon épouſe, *& de n'être pour rien dans cette affaire*, je » pars de Clairvaux & je vais coucher chez moi bien *tran-* » *quillement* : ce n'eſt que le lendemain, à dix heures du matin,

» que je ſuis éveillé par des gens qui m'enlevent mes papiers, » une partie de ma fortune & mon épouſe.

« Je m'adreſſe ici au genre humain, & je demande ſi, me » ſentant coupable ou mon épouſe dans l'affaire du Cardinal, » apprenant qu'il eſt à la Baſtille, étant éloigné de chez moi » de trois lieues, ayant quatre chevaux de poſtes frais, & » quatre chevaux à moi qui venoient de faire le voyage de » Châteauvillain à Clairvaux, ayant une bonne voiture, » pouvant dans la nuit nous éloigner de 20 lieues, & gagner » très-facilement Liege, où nous étions à même de paſſer en » Angleterre; je demande, dis-je, ſi l'on me ſoupçonne » aſſez ſot d'avoir manqué cette occaſion, *ſi je m'étois ſenti* » *coupable*; mais n'ayant rien à craindre, je retourne chez » moi, & j'attends l'événement ».

Il parle enſuite des motifs de ſa retraite: « Si les Gens du » Roi veulent rendre juſtice à la vérité, ils diront quelle a » été ma tranquillité quand ils m'ont annoncé cette nouvelle » accablante, la maniere dont madame la Comteſſe l'a priſe » elle-même; enfin ils ne pourront pas nier que je les ai priés » de me permettre d'accompagner Madame à Paris. Ils m'ont » d'abord dit qu'ils n'y voyoient pas d'inconvénients; en conſé- » quence, j'ai paſſé dans mon appartement pour m'habiller » & donner des ordres pour des chevaux & une voiture. Pen- » dant ces intervalles ils ont, ſans doute, fait des réflexions; » car en rentrant dans l'appartement de Madame, où ils étoient, » ils ont changé d'avis, me faiſant obſerver qu'on croiroit dans » le Public qu'ils avoient des ordres pour m'arrêter, & que » cela pourroit faire un mauvais effet; que d'ailleurs les ordres » étoient de conduire madame la Comteſſe chez M. le Baron » de Breteuil, pour être préſente à l'ouverture de ſes papiers,

» & que dans quatre ou cinq jours au plus elle feroit de retour:
» d'après ce raifonnement, je fuis refté »

Il fe fait enfuite une objection, favoir; qu'on lui demandera pourquoi il eft parti le jour même.

Voici ma raifon: « Des perfonnes venant d'apprendre l'accident fâcheux qui venoit de m'arriver, font venues me voir
» & me reprocher mon trop de confiance dans mon innocence, me repréfentant des exemples dans lefquels l'innocent avoit été confondu avec le coupable; que le plus fûr
» étoit de partir, foi-difant, pour Paris: mais de gagner le
» pays étranger, & de revenir fi cette affaire tournoit
» comme je le devois efpérer. C'eft donc à ces perfonnes que
» je dois mon éloignement; car il eft certain que fans leurs
» follicitations, je ferois aujourd'hui à la Baftille ».

Ailleurs il dit à fon ami: « il eft poffible que ma correfpondance avec M. Doillot, foit néceffaire pour l'éclairciffement
» de mon affaire; au moins, comme j'imagine qu'il eft à même
» de voir Madame la Comteffe, ou au moins de lui faire parvenir des lettres, je fuis bien aife qu'elle apprenne que je
» fuis exiftant, *& très-décidément difpofé à fuivre les confeils de fon Avocat, & à tenter l'impoffible pour me réunir*
» *à fon fort* ».

Tel eft ce mari aujourd'hui *contumace*, & fur lequel il femble qu'on voudroit faire retomber le poids de l'inftruction, parce qu'on ignore les motifs de fa retraite. Il y a eu un tems où M. le Cardinal de Rohan publioit qu'il le faifoit chercher par-tout, & que les recherches lui coûtoient des fommes immenfes; mais lorfqu'il a fu qu'on avoit des nouvelles, fes allarmes, fi elles étoient connues de tout le monde, étonneroient. Cependant *le mari eft difpofé, il eft très-décidément disposé à suivre les conseils de l'Avocat de sa femme*, *à tenter* l'impossibile *pour se réunir à son sort* : & parce que, ignorant qu'il auroit dû prendre une voie pour offrir judiciairement de se représenter, il va être jugé sans pouvoir défendre ni lui, ni sa femme, quoiqu'il soit *décidément disposé à tenter* l'impossible *pour se réunir à son sort*. N'importe, tentons une défense préliminaire.

Dans la vente des diamans, il y en a une partie qui le regarde, celle qu'il a portée à Londres. Il en a vendu au sieur Gray, Bijoutier ; il en a fait monter ; il a rapporté des traites de Londres sur Paris ; il a rapporté des diamans montés ; il en a laissé qui ne l'étoient pas : à son arrivée, il a remis ce qu'il apportoit ; il l'a remis à sa femme, qui l'a remis à M. le Cardinal.

Mais ce voyage du mari à Londres a donné lieu à une espece d'inquisition, qui paroît allarmante pour lui dans le Mémoire de M. de Rohan. On y fait parler quelques personnes des relations qu'elles ont eues avec le Sr de la Motte. Il y a même l'un de ces personnages que M. de Rohan a fait venir à Paris à grands frais, l'Abbé Macdermott ; & par les circonstances de la confrontation de celui-ci, on pourra juger des intrigues pratiquées auprès des témoins de Londres. La dame de la Motte, après avoir entendu la lecture de cette déposition, après avoir soutenu que tout ce qu'il disoit étoit faux, elle lui a dit « je sais que c'est » le sieur Carbonnieres (attaché au Conseil de M. le Cardinal), » qui a couru mendier à Londres des témoins, & qui vous a » beaucoup pratiqué ; je sais que c'est lui qui vous a conseillé » de déposer toutes ces absurdités, & je vous somme de le » dire. « L'Abbé Macdermott » : Il est vrai que le sieur Carbon» nieres m'a fait déposer de même à Londres, & c'est à sa

» requête que je l'ai fait ». Elle parcourt ensuite tous les articles : les Magistrats sauront démêler la fausseté des imputations, de la véracité des réponses. Nous n'en donnerons ici qu'un seul, celui des perles fines & prétendues achetées à Londres par le Comte de la Motte pour une somme exorbitante de 50,000 liv.

« A l'égard des perles dont vous parlez, dit-elle, c'est le » Chevalier Oneil, (homme vrai, homme sage, homme d'honneur, brave Officier attaché au service de France) » c'est lui que j'avois prié de vouloir bien accompagner mon » mari dans son voyage, c'est lui qui a apporté les perles dont » il a déclaré n'y avoir qu'une livre pesant, de la valeur de » 1600 liv., dont la totalité a été portée chez le sieur Regnier, » qui en a acheté la moitié, Mardoché un quart, & il n'en » est resté qu'un quart à mon mari ».

Le même Chevalier Oneil a lui-même déposé d'un autre fait, c'est que lui & le Comte de la Motte étoient entrés dans le pari d'une course des chevaux de M. le Duc de Chartres; que lui, Chevalier d'Oneil, n'avoit gagné qu'environ 30 Louis, & que le Comte de la Motte, plus heureux, avoit gagné 20 ou 24,000 liv. En effet, sur ce gain, le sieur de la Motte avoit acheté à Londres deux épées d'acier, quelques autres bijoux pour lui & pour sa femme; & c'est ainsi que deux épées, une livre de perles & quelques bijoux ont été perfidement métamorphosés en acquisitions immenses.

Il seroit possible néanmoins que le Comte de la Motte, de retour à Paris, porteur des diamans qu'il avoit fait monter à Londres pour M. le Cardinal, & en attendant le retour du Prélat qui étoit à Saverne, se fût fait honneur, par pure vanité, des bijoux qu'il avoit rapportés, & des traites que le sieur Gray lui avoit données sur Pari. ; peut-être même que ces traites ont été portées, d'abord chez l'un des gardes du trésor royal pour les convertir en argent; & ces traites, qui n'étoient que de 121,000 liv. sont triplées dans les écrits de M. le Cardinal. On y lit les traites elles-mêmes, ensuite les especes d'or & d'argent demandées au trésor royal, enfin les billets de la Caisse d'Escompte, dans lesquels les traites ont été converties. C'est ainsi qu'un objet de 120,000 liv. s'est multiplié en 2, 3 & 4 objets de 500,000 liv. outre les bijoux en nature montés à Londres, & estimés 60,000 liv. remis à M. le Cardinal à son retour de Saverne, en même tems que les deniers & les effets des traites de Londres.

Mais, dit-on, (c'est le grief personnel au mari,) lorsque le sieur de la Motte a quitté Bar-sur-Aube pour aller en pays étranger, il a été reprendre chez le sieur Gray les bijoux qu'il avoit laissés pour les monter, & qui sont estimés encore 60,000 liv. Voilà donc un vol nouveau de sa part. Plaisans raisonneurs! Le Comte de la Motte avoit laissé ceux-ci au sieur Gray pour les ouvrager ; la note en est dans les papiers restés à la Bastille, & qui n'ont pas été portés au Greffe de la Cour. Ce n'est qu'au sieur de la Motte que le Bijoutier pouvoit les remettre ; le Bijoutier en étoit comptable envers le Sr de la Motte, le Sr de la Motte envers M. le Cardinal. Falloit-il les laisser à l'artiste, au hasard de ce qu'ils pourroient devenir? Le Comte de la Motte a compté à M. le Cardinal de ce qu'il a rapporté de Londres en traites & en effets; il a compté de ce qu'il a touché en argent; il ne croyoit pas s'être absenté pour long-tems, & il comptera de même de ce qui ne pouvoit être touché que par lui à Londres: ce n'est qu'un mandataire comptable.

Au surplus, le détail des opérations en Angleterrre, si malignement

lignement dénaturé, les détails de son voyage, de son séjour, de son retour, appartiennent plus particulierement à la défense du mari. Sa femme n'a pas pu savoir, elle n'a pas pu retenir, ni déclarer tant de particularités peu intéressantes alors, & dont l'éclaircissement ne peut être donné que par lui-même. Si la décision de l'affaire pouvoit en dépendre, ne seroit-il pas raisonnable, juste, humain, de prendre à cet égard par la Cour tel parti que sa prudence doit lui suggérer, sur-tout vis-à-vis un homme *disposé*, *disposé* décidément *à se réunir au sort de sa femme ?*

Mais resteroit-il douteux que cette partie de diamans, ceux qui ont été portés à Londres, aient été livrés au Comte & à la Comtesse de la Motte par M. le Cardinal de Rohan, en présence du sieur Cagliostro, & par ses ordres, *allez-donc*, *Prince*, *allez-donc*, *&c.* Si l'on convient du fait de ces scenes, c'étoit, dit-on toujours, des tours *de magnétisme*, des jeux de *société*, où il n'a pas été question de diamans.

Nous disons au contraire, que ces scenes avoient été précédées & entrelacées de lettres par lesquelles M. de Rohan sollicitoit la Comtesse de la Motte de lui écrire, de lui marquer, dans l'une, *l'envie qu'elle avoit, non pas de voir le sieur Cagliostro, & par un simple mouvement de curiosité*, *mais l'envie de voir ce grand homme.* Dans une autre : *Eh ! bien, Madame, êtes-vous encore dans l'admiration de ce* grand homme ; *& votre chere niece, qu'elle est heureuse à présent ! c'est un Ange : mandez-moi si elle a bien vu cette nuit tout ce que cet* ÊTRE *incroyable lui avoit prédit qu'elle verroit, & qu'elle ne croie pas que ce soit un songe, &c.* Dans une autre : *Qu'elle vous dise elle-même qu'elle est enchantée : cela le flattera.* Ces lettres ont été écrites par le Prélat, reçues par la dame de la Motte, montrées à son mari, à la dame de la Tour, à la demoiselle sa fille, au sieur Filleul, Avocat de Bar-sur-Aube, qui craignant, si elles subsistoient, qu'elles ne donnassent des ridicules au prélat, donna le conseil, conseil malheureusement exécuté, de les brûler.

A l'égard des scenes, il y en a eu cinq; deux pour opérer la demoiselle de la Tour, deux pour opérer un petit garçon & une petite fille, & la cinquieme pour opérer la dame de la Motte elle-même. Celles de la demoiselle de la Tour sont décrites dans sa déposition, dans son récolement & sa confrontation, avec les caracteres de vérité qui appartiennent à l'innocence. La dame de la Motte avoit annoncé les mêmes scenes dès l'instant de sa détention, lors de son interrogatoire ministériel; elle les a répétées sous toutes les époques: ces scenes n'ont pas été inconnues au Comte de la Motte, qui en parle dans son Mémoire d'instruction, en disant: *M. le Cardinal craint mon indiscrétion, car le buste de M. de Cagliostro ne m'a pas plus effrayé que sa personne ne m'en a imposé, & M. le Cardinal qui sait ma façon de penser sur cet* Illuminé, *craint les détails que je pourrois donner.* Le sombre effrayant des spectacles, leur multiplicité, tout cela n'étoit pas un jeu, & l'on ne croira jamais que M. le Cardinal eût besoin, pour s'amuser, de la fréquente répétition de ce qu'il appelle des jeux de société. C'étoit, de la part du sieur Cagliostro, pour s'emparer de toutes les facultés intelligentes de son pupille, pour subjuguer les sens, l'ame, l'esprit de la dame de la Motte, & la préparer au voyage qu'on alloit exiger de son mari pour l'Angleterre. Plus M. le Cardinal, dans le cours de l'instruction, a témoigné son ardeur à sauver l'*illuminé*, plus il a prié, sollicité la dame de la Motte de se rétracter; & plus on sent l'intérêt qu'il auroit d'effacer de la procédure toutes ces ſcenes magiques, & la derniere ſur-tout, qui a fini par livrer à la dame de la Motte cette immenſité de diamans, 121,000 l. pour ceux qui ont été vendus à Londres au ſieur Gray; 60,000 livres pour ceux qui ont été rapportés ouvragés, & 60,000 livres pour ceux que le Comte de la Motte avoit été forcé, par l'impatience de M. de Rohan, de laiſſer à Londres pour les monter.

Or, tout cela ſera-t-il faux, parce que M. de Rohan & le ſieur Cagliostro le nient? Le Tribunal reſtera-il dans le doute & la perplexité? Voilà donc les Tribunaux humains réduits à l'impuiſſance de connoître le vrai. Il n'y a plus dans les lumieres, dans la ſagacité des Magiſtrats, dans les reſſources, dans les rigueurs de la Juſtice humaine, de moyens pour décider entre l'innocent & le coupable. Il eſt inutile, nons dit-on, de rendre une plainte directe ſur le dépécement du collier, d'ordonner des informations directes, ou des monitoires pour les perſonnes qui pourroient y avoir travaillé; tout eſt aujourd'hui épuiſé: mot fatal! Eh mais! ſi le Comte de la Motte étoit préſent, ne pourroit-il pas lever quelques-uns des voiles épaiſſis ſur tous les yeux, pour un point capital, ſeul déciſif, la livraiſon d'une prodigieuſe quantité de diamans lors de la cinquieme ſcene, dont ſa femme a été rendue l'actrice? Eſt-ce le cas de dire, *on voit ici le vrai comme homme, comme homme raiſonnable; il n'eſt pas poſſible que cela ne ſoit pas, mais on ne le voit pas comme Juge*; & le fait des diamans vendus, montés, étant prouvé, étant avoué, c'eſt un malheur, & ce ſont les ſieur & dame de la Motte qui ſeront réputés eſcroqueurs, voleurs dès le premier Février 1785, lors de la ſcene de Verſailles dans une myſtérieuſe alcove. Les peines, les peines corporelles, les peines infamantes, sortiront d'un nuage d'obscurcité & de ténebres.

Cependant, si le Prélat s'étoit regardé comme innocent, pourquoi ces troubles & ces agitations, dès le mois de Juillet 1785 ? Pourquoi ce paiement de 30,000 liv. fait aux Joailliers au nom de la Reine ? Pourquoi cette charte privée, dans laquelle ont été retenus, aux premiers jours d'Août, la Comtesse de la Motte, son mari & la femme de chambre ? Que la patience des Lecteurs, s'il est possible, soutienne encore quelques instans la nôtre !

Troubles & agitations de M. de Rohan.

Il fut agité dès le mois de Juillet 1785, parce que le Ministre manda plusieurs fois les Joailliers ; M. de Rohan leur dit de ne pas parler des négociations du collier, à moins que le Ministre ne fût chargé par le Roi de leur en parler. Le brouillon de la lettre qui s'est trouvée sous les scellés peint de nouveau ces troubles : *s'il est envoyé chercher par le maître, qu'il dise que l'objet* en question *est envoyé dans le pays étranger.... Je crains que ma tête ne tourne.... La personne qui veut bien se prêter à nos moyens est un peu capable de nous tirer de nos inquiétudes.* Ces inquiétudes, cette tête tournée de M. le Cardinal, ce conseil de dire que l'objet *en question* voyage en pays étranger, tout cela étoit-il pour les intérêts de la dame de la Motte ? Aussi le Comte de la Motte s'écrie-t-il, *il craint mon indiscrétion.... parce que j'ai été témoin de tant d'allarmes & de tant d'intrigues.*

Paiement de 30,000 livres.

Ce paiement a été fait aux Joailliers par M. le Cardinal ; & par la quittance, il leur fait reconnoître qu'ils ont reçu *de Sa Majesté la Reine*, quoiqu'il fût instruit depuis long-tems que la

Reine n'étoit abſolument pour rien dans cette incroyable affaire. Cette quittance au nom de la Reine n'eſt - elle pas une nouvelle tromperie? Les Joailliers ne voulurent pas même reconnoître que la ſomme fût ſur les intérêts, comme M. le Cardinal l'auroit deſiré; ils ne reçurent que ſur le fond qui leur étoit dû. Quel délire d'alléguer que c'étoit la dame de la Motte qui avoit fourni les deniers! Et pourquoi le dit il ainſi? Parce qu'épiant le ſecret des affaires de la dame de la Motte, il avoit découvert que Me Minguet, ſon Notaire, lui avoit fait prêter 35,000 liv., ſomme rendue depuis, en retirant l'écrin qui avoit été dépoſé.

Que M. de Rohan ſoutienne que l'emprunt fait par la dame de la Motte étoit pour elle-même, & non pas pour prêter à une dame importante que la dame de la Motte n'a pas cru devoir nommer; qu'il ajoute que cette dame le nie, nous ne l'apprenons que par la note miſe au bas de la page 72 du Mémoire, note qui n'eſt une preuve ni du fait de la dénégation de cette dame, ni encore moins une preuve que le prêt ne lui eût pas été fait (1).

Charte privée où ont été retenus la dame de la Motte, ſon mari & la femme-de-chambre.

Le fait de cette charte privée eſt encore avoué, parce qu'on ne pouvoit pas le nier; mais M. de Rohan poſſede ſouverainement l'art de l'interprétation. Nous l'avons vu:

---

(1) Cette note mérite une explication, non pour l'intérêt de la dame de la Motte, mais pour celui de ſon Notaire, Officier public, d'une réputation entiere, & qui atteſte que le prêt fait par ſon client, n'étoit pas ſur gage, mais un prêt ſans intérêt, & pour la ſûreté duquel l'écrin de la dame de la Motte ne lui avoit été confié qu'à titre de dépôt.

forcé de convenir des ſcenes jouées par le ſieur Caglioſtro, il ſe ſauve ou croit ſe ſauver, en les appellant des jeux de magnétiſme & de ſociété. Ici, ſi l'on doit l'en croire, c'eſt la dame de la Motte qui craint d'avoir déplu à la Reine, avec qui néanmoins la dame de la Motte n'avoit jamais eu l'honneur d'avoir aucune relation. Il prétend que la dame de la Motte, obligée de s'abſenter, a beſoin de ſe cacher juſqu'à ſon départ, & il lui donne un aſyle chez lui. Mais 1°. M. de Rohan étoit parfaitement inſtruit alors (& il l'étoit bien antérieurement), que les Joailliers connoiſſoient l'abus coupable fait du nom de la Reine, & la dame de la Motte criminelle à ſes yeux, c'eſt-à-dire, dans ſon opinion, ne méritoit qu'animadverſion de ſa part. 2°. Le Sr Caglioſtro avoit dit à M. de Rohan, il lui avoit répété *qu'il devoit la livrer à la Police*, & il la prend chez lui, dans ſon palais, aux riſques de paſſer aux yeux de tout le monde pour ſa complice. C'eſt, dit-il, un reſte de pitié & de commiſération qu'il ne peut étouffer dans ſon ame. Diſons, répétons plutôt, qu'il craignoit les indiſcrétions de la dame de la Motte, de ſon mari, de la femme-de-chambre, auxquels il avoit propoſé de courir juſqu'à Meaux, avec des chevaux enragés, pour aller paſſer le Rhin & ſe réfugier dans ſes Etats, en ſe diſant, le mari, cuiſinier, la dame de la Motte, ſervante, & la femme-de-chambre, couſine, de qui? De la dame de la Motte, ſa Maîtreſſe: Nouvelle bouffonnerie qui les amuſa beaucoup tous trois dans leur route vers Bar-ſur-Aube.

Quelles ſont donc les dernieres reſſources de M. de Rohan, preſſé de toutes parts, par l'enchaînement des preuves qui s'élevent contre lui? L'une de ces reſſources, c'eſt que perſonne ne pourra ſe perſuader qu'un homme de ſon nom ait été capable de ſe livrer à des baſſeſſes. Eh mais Valois l'étoit-elle davantage? Il l'a forcée d'entrer vis-à-vis de lui dans d'autres détails.

Elle lui a rappellé ſes beſoins toujours urgens, au milieu de la plus exceſſive opulence ; ce qui l'avoit engagée à dire ſans ceſſe aux Joailliers de prendre leurs précautions avec lui, depuis qu'elle lui avoit donné leur adreſſe.

Elle lui a rappellé, pour preuve de ces beſoins urgens, 50,000 liv. empruntées au mois de Mars 1785, du ſieur de Saint-James qui, parce qu'il connoiſſoit la détreſſe du Prélat, n'avoit voulu prêter que ſous le cautionnement des mêmes Joailliers, & il n'a encore rembourſé que 10,000 liv. de ſon propre aveu.

Elle lui a rappellé qu'il n'avoit pas dédaigné de recevoir 300,000 liv. pour avoir procuré au ſieur Cerbert une entrepriſe, celle des fourrages ; ſur laquelle ſomme M. de Rohan lui avoit fait à elle-même un préſent très-conſidérable, en lui diſant que les 300,000 liv. lui venoient de Dieu & de grace, & que ſur les billets de 300,000 liv. de l'ancienne Caiſſe de Poiſſy, il n'avoit perdu d'eſcompte que 20,000 liv. ſur chaque cent mille francs.

Elle lui a rappellé que de plus il y avoit eu un traité politique de finance, pour procurer à des gens de Lyon une autre affaire, dont la part étoit pour lui d'un million d'entrée, outre un autre intérêt annuel ; que le nommé Grenier, & autres témoins intéreſſés avec lui dans cette affaire, en ont dépoſé dans l'information qui n'échappera pas à l'attention des Magiſtrats ; en ſorte qu'il eſt conſtant, d'après ces faits dictés par la dame de la Motte, que M. le Cardinal de Rohan eſt dans la malheureuſe habitude, dans la malheureuſe néceſſité de faire beaucoup d'affaires de ce genre. Quelle violence ne s'eſt pas faite la dame de la Motte pour révéler ces baffeffes ! quelle violence ne nous faifons - nous pas nous-mêmes pour les écrire après elle ! Et l'affaire du collier ne doit pas paroître plus invraifemblable pour un homme de fon nom !

Cependant, & d'un autre côté, ces mêmes témoins, les fiens, font encore l'une de fes grandes reffources. Il faudroit copier ici des volumes de reproches que la Comteffe de la Motte a fait écrire : mais nous ne pouvons paffer fous filence ceux de ces témoins qui ont eu la méchanceté de dépofer que la dame de la Motte les avoit fouvent entretenus, les uns, de fes prétendues liaifons à la Cour, les autres plus méchamment encore, de lettres qu'elle fe vantoit de recevoir habituellement.

Il eft fur-tout un Religieux pour lequel la dame de la Motte avoit bien voulu folliciter auprès de M. le Grand-Aumônier, une permiffion de prêcher à Verfailles le jour de la Pentecôte 1785, Religieux à qui M. le Grand-Aumônier, dans fa qualité de Supérieur-Général de l'Hôpital-Royal des Quinze-Vingt, avoit deftiné le titre de Directeur du même Hôpital, en le faifant féculatifer : Eh bien ! ce Religieux a été quêter la plupart des témoins de l'information, en leur difant, notamment à la demoifelle Colfon, aujourd'hui mariée : *prenez garde, j'ai dépofé de lettres, j'ai dépofé de correfpondances ; j'ai dit que vous le faviez auffi : ne vous avifez pas de dire le contraire ; vous feriez pourfuivie & condamnée comme faux témoin.* Voilà ce dont la demoifelle Colfon eft convenue, de même que l'Abbé Macdermott eft convenu que c'étoit le Sr Carbonnieres qui l'avoit fait dépofer à Londres des mêmes ou d'autres abfurdités encore, & que c'étoit à la requête du fieur Carbonnieres qu'il en avoit dépofé à Paris dans le procès actuel.

Que

Quel est l'accusé qui n'auroit pas à craindre la multiplicité, le concert de pareils témoins, si le reproche n'étoit écrit à côté de chaque témoignage? Ces reproches sont écrits; ils sont signés par la Comtesse de la Motte dans ses confrontations, & ils ont dû être transcrits dans le sommaire de sa défense.

Mais pourquoi donc un sommaire, tandis que nous avons à répondre à un ouvrage complet de la part de l'Adversaire? Il faut néanmoins terminer ce Sommaire, & nous le terminerons par l'épisode si singulier du prétendu mariage de la Baronne de Courville avec le Baron de Fages.

Ce qui est & ce qui reste vrai, est, que le Mercredi-Saint 1785, la dame de la Motte avoit entendu une conversation entre M. de Rohan, chez lui, & une femme, qu'il lui dit être une Alsacienne, qui venoit pour se marier; & lorsqu'au mois de Janvier dernier 1786, elle lut l'interrogatoire du sieur Bette d'Étienville, lorsque depuis elle a lu les Mémoires, elle avoit pensé que l'héroïne de cette nouvelle histoire pouvoit bien être la même personne qu'elle avoit vue, l'année derniere, chez M. de Rohan. Qu'il ne dise pas qu'il passe les Semaines Saintes à Versailles, puisqu'il n'y alloit que pour la Cène, le Jeudi-Saint: mais c'est de la part de M. le Cardinal, une insinuation offensante, de dire que la Comtesse de la Motte pourroit bien avoir eu part aux honneurs de l'invention. La plainte des Marchands qui prétendent avoir été escroqués par tous les personnages de l'épisode, l'interrogatoire de l'acteur principal, tout étoit devenu judiciaire avant que la dame de la Motte connût aucun des noms; elle n'a été instruite que dans le mois de Janvier, & elle n'y prend absolument aucun intérêt, laissant tous les acteurs se débattre entr'eux.

Or, cet épisode & beaucoup d'autres, étant une fois écartés, en nous renfermant dans l'action, dans la seule action instruite sur deux délits graves & caractérisés, le grand trait de cet effrayant spectacle, quel est-il enfin? C'est que M. le Cardinal a fait, de l'affaire du collier, un arrangement particulier pour lui, sous un nom digne de tous les respects.

A la fin de Janvier 1785, la dame de la Motte lui parle d'une conversation qu'elle avoit eue avec les sieurs Bohëmer & Bassanges, au mois de Décembre 1784; conversation restée sans suite pendant trois semaines. Sur ces ouvertures faites avec la plus grande indifférence, M. de Rohan demande l'adresse; la dame de la Motte, qui ne la savoit pas, l'envoie demander elle-même aux agens: dès cet instant M. de Rohan court chez les Marchands le 24 Janvier; il les mande chez lui le 26. Depuis le 24 Janvier jusqu'au premier Février, la Dame de la Motte s'apperçoit d'absences auxquelles elle n'étoit pas accoutumée de sa part, & elle apprend ensuite que tout est terminé. Elle est chargée depuis de vendre & de faire vendre par son mari des diamans, après des scenes, des sermens, un secret commandé, & ils exécutent les ordres. Au bout de six mois l'affaire fait le plus grand éclat; elle entend dire, d'un côté, que c'est elle qui a remis un faux écrit; de l'autre, que c'est à elle que le collier a été remis: deux faits environnés de circonstances qui se choquent, qui se heurtent par des invraisemblances, au milieu desquelles M. le Cardinal de Rohan veut excuser son cœur aux dépens des lumieres de son esprit; & ce sont ses engagemens personnels, particuliers, qui font tout le mystere. Qu'il parle ! Et son cœur, & son esprit rentreront à nos yeux chacun dans les droits que la vérité seule peut leur assigner.

Signé, Comtesse DE VALOIS-LA-MOTTE.

Messieurs TITON & DUPUIS DE MARCÉ, Rapporteurs.

Me DOILLOT, Avocat.

BERNAULT, Procureur.

MÉMOIRE

SUR la Maison de SAINT-REMY DE VALOIS, issue du fils naturel que Henri II, Roi de France, eut de Nicole de Savigny, Dame & Baronne de Saint-Remy.

ARMES DE LA MAISON DE SAINT-REMY DE VALOIS, *d'argent à une face d'azur, chargée de trois fleurs de lys d'or.*

I. DEGRÉ. *Cinquieme Aïeul.*

HENRI II, Roi de France, eut de (1) Nicole de Savigny, Henri de Saint-Remy qui suit; ladite Nicole de Savigny, qualifiée de Haute & Puissante Dame, Dame de Saint-Remy, de Fontette, du Châtellier & de Noez, épousa Jean de Ville, Chevalier de l'ordre du Roi, & fit son testament le 12 Janvier 1590, où elle déclara « que le feu Roi » Henri II avoit fait don à *Henri Monsieur*, son fils, de la somme de » 30000 écus sol, qu'elle avoit reçue en 1558 ».

II. DEGRÉ. *Quatrieme Aïeul.*

Henri de Saint-Remy, appellé *Henri Monsieur*, est qualifié Haut & Puissant Seigneur, Chevalier, Seigneur & Baron du Châtellier, de Fontette, de Noez & de Beauvoir, Chevalier de l'ordre du Roi, Gentilhomme ordinaire de sa Chambre, Colonel d'un Régiment de Cavalerie & Gens de pied, & Gouverneur de Château-Vilain, épousa par contrat du 31 Octobre 1592, passé à Essoye en Champagne, Dame

(1) Histoire généalogique de la Maison de France, par le Pere Anselme, Tom. I, pag. 136.
Histoire de France, par le Président Hénault, troisieme édition *in*-4°. p. 315.

Chrétienne de Luz (1), qualifiée Haute & Puissante Dame, veuve de Claude de Fresnay, Seigneur de Loupy, Chevalier de l'ordre du Roi & fille d'Honoré Seigneur Jacques de Luz, aussi Chevalier de l'ordre du Roi, & de Dame Michelle du Fay, Seigneur & Dame de Bazoilles; mourut à Paris le 14 Février 1621, & eut de son mariage le fils qui suit :

III. DEGRÉ. *Trisaïeul.*

René de Saint-Remy, qualifié Haut & Puissant Seigneur, Chevalier, Seigneur & Baron de Fontette, Gentilhomme ordinaire de la Chambre du Roi, Capitaine de cent hommes d'armes, mourut le 11 Mars 1663, & avoit épousé par contrat du 25 Avril 1648, passé à Essoye, Jaquette Breveau, dont il eut entre autres enfans, le fils qui suit :

IV. DEGRÉ. *Bisaïeul.*

Pierre-Jean de Saint-Remy de Valois, qualifié Haut & Puissant Seigneur, Chevalier, Seigneur de Fontette, Major du Régiment de Bachevilliers cavalerie, naquit le 9 Septembre 1649, fut baptisé à Fontette le 19 Octobre 1653, épousa en premieres nôces Demoiselle Reine Marguerite de Courtois, & en secondes noces, par contrat du 18 Janvier 1673, passé à Saint-Aubin, diocèse de Toul, Demoiselle Marie de Mullot, fille de Paul de Mullot, Ecuyer, & de Demoiselle Charlotte de Chaslus, mourut avant le 4 Mars 1714; & de son second mariage, eut un fils qui suit :

V. DEGRÉ. *Aïeul.*

Nicolas-René de Saint-Remy de Valois, qualifié Chevalier, Baron de Saint-Remy & Seigneur de Luz, fut baptisé à Saint-Aubin-aux-Anges, diocèse de Toul, le 12 Avril 1678; servit le Roi pendant dix ans en qualité de Garde-du-Corps de Sa Majesté, dans la Compagnie du Duc de Charost, quitta le service pour se marier; épousa par contrat du 14 Mars 1714, Demoiselle Marie-Elisabeth de Vienne, fille de Nicolas-François de Vienne, Chevalier, Seigneur & Baron de Fontette, de Noez, &c., Conseiller du Roi, Président, Lieutenant Général, Civil & Criminel, au Bailliage Royal de Bar-sur-

(1) Les deux sœurs puinées, Marine & Madelaine de Luz, épouserent l'une François de Choiseul, Baron d'Ambouville; & l'autre Benjamin de Sanciere, Seigneur & Baron de Tenance.

Seine, & de Dame Elisabeth de Merille, mourut à Fontette le 3 Octobre 1759; & de son mariage eut deux fils; premier, Pierre-Nicolas-René de Saint-Remy de Fontette, né à Fontette le 3 Juin 1716, reçu en 1744 Cadet Gentilhomme dans le Régiment de Graffin, où l'on assure qu'il a été tué dans une occasion de guerre contre les Ennemis du Roi; & second, Jacques qui suit :

VI. DEGRÉ. *Pere.*

Jacques de Saint-Remy de Valois, appellé d'abord de Luz, & ensuite de Valois, qualifié Chevalier, Baron de Saint-Remy, naquit à Fontette le 22 Décembre 1717, & fut baptisé le premier Janvier 1718. Dans l'acte de son baptême qui constitue son nom & son état, son pere présent, est appellé & qualifié « Messire Nicolas-René de Saint- » Remy de Valois, Baron de Saint-Remy » : & sa tante, qui fut sa marraine, y est appellée « Damoiselle Barbe-Therese, fille de feu » Messire Pierre-Jean de Saint-Remy de Valois » ; l'un & l'autre y ont signé, Saint-Remy de Valois. Il épousa dans la paroisse de Saint-Martin de Langres, le 14 Août 1755, Marie Jossel, dont il avoit déjà un fils qui suit; & mourut *à l'Hôtel-Dieu de Paris* le 16 Février 1762, suivant son extrait mortuaire, où il est appellé & qualifié « Jacques » *de Valois, Chevalier, Baron de Saint-Remy* ».

VII. DEGRÉ. *Produisante.*

Jacques de Saint-Remy de Valois, né le 25 Février 1755, & baptisé le même jour dans l'église paroissiale de Saint-Pierre & Saint-Paul de la ville de Langres, reconnu & légitimé par ses pere & mere dans l'acte de célébration de leur mariage du 14 Août de la même année.

Jeanne de Saint-Remy de Valois, née à Fontette le 22 juillet 1756.

Marie-Anne de Saint-Remy de Valois, née aussi à Fontette le 2 Octobre 1757.

Nous *Antoine-Marie* d'Ozier de Serigny, Chevalier, Juges d'Armes de la Noblesse de *France*, Chevalier, Grand'Croix honoraire de l'Ordre Royal de Saint Maurice de Sardaigne, certifions au Roi la vérité des faits contenus dans le Mémoire ci-dessus, dressé par nous sur titres authentiques; en foi de quoi nous avons signé le présent Certificat, & l'avons fait contresigner par notre Secrétaire, qui y a apposé le sceau de nos armes. A Paris, le lundi sixieme jour du mois de

Mai de l'an 1776. (*signé*), D'HOZIER DE SÉRIGNY : (*plus bas*) ; par Monsieur le Juge d'Armes de la Noblesse de France. DUPLESSIS. (*Et scellé*).

Nous soussigné Juge d'Armes de la Noblesse de *France*, &c. certifions que cette copie du présent Mémoire est conforme à la minute conservée dans notre dépôt de Noblesse ; en foi de quoi nous l'avons signée & l'avons fait contresigner par notre Secrétaire, qui y a apposé le sceau de nos armes. A Paris le jeudi treizieme jour du mois d'Octobre de l'an 1785. *Signé*, D'HOZIER DE SÉRIGNY.

Par Monsieur le Juge d'Armes de la Noblesse de France. *Signé*, DUPLESSIS.

Me DOILOT, Avocat.

www.ingramcontent.com/pod-product-compliance
Lightning Source LLC
LaVergne TN
LVHW011954160826
845678LV00002B/539